세라니트의 아름다운 손뜨개

서경숙

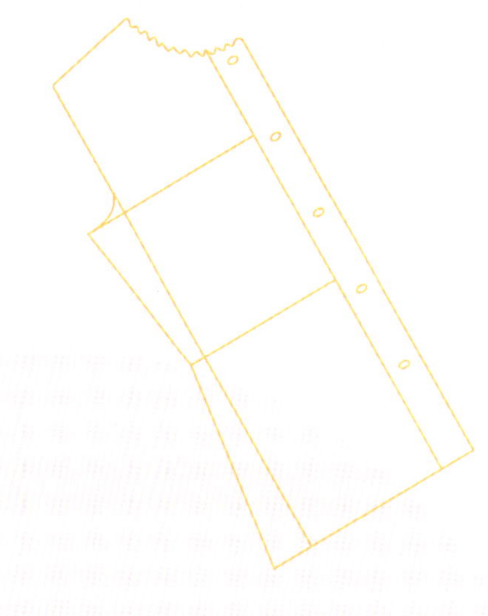

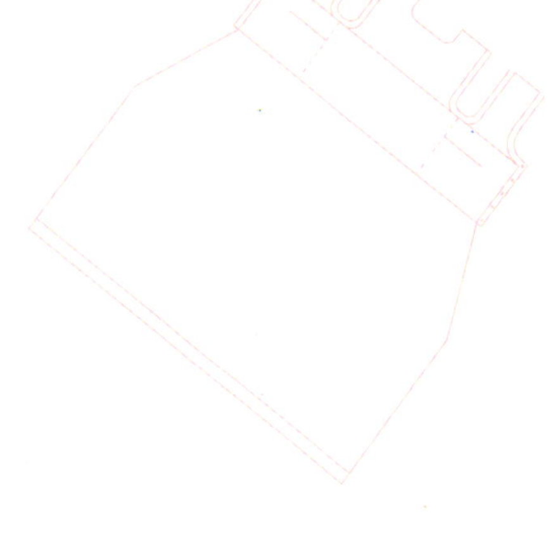

예신Books

들어가면서...

FLOWERS

이 년 전쯤 『금요일 밤의 뜨개질 클럽』이라는 미국 소설을 회원님들과 나눠 읽으며 맨해튼의 낡은 건물 2층에 있는 '워커 모녀 수예점'에 모여드는 사람들을 상상했습니다. 매주 금요일 밤, 수예점을 찾는 그녀들은 바로 우리들의 모습이었습니다.

어제 만난 사람이 십년지기인 듯 돈독해지는 불가사의한 현상에 의구심을 품지 않는 이유는 뜨개쟁이라는 동질성을 느끼며 스펀지 같은 흡인력으로 서로에게 빠진다는 걸 알기 때문입니다.

사막을 지나 강을 건너 평화로운 땅에서 동족을 만난 기쁨으로, 이곳에 오기까지의 과정을 털어놓고 특별한 주제랄 것도 없는 수다를 섞어 한 코 한 단을 올라가면서 부피를 가늠할 수 없는 정과 신뢰와 우정을 쌓아갑니다.

설레는 마음으로 눈을 반짝이며 실을 골라, 방금 태어난 새끼 강아지의 보드라운 털을 쓰다듬듯이 포장을 뜯기에도 아까운 실타래를 풀어 첫 코를 뜨고, 그러다 모양이 나오지 않으면 머리를 움켜쥐었다가 다시 풀어뜨기를 반복하기도 합니다.

마무리 단계에 다다르면 기대와 함께 혹시 제대로 만들어지지 않았으면 어쩌나 하는 불안함이 찾아오지만, 완성된 작품을 입고 두근거리는 가슴으로 거울 앞에 서서 만족감에 입술을 길게 늘여 웃게 되면서, 비로소 그 동안의 힘든 과정은 희열이 됩니다.

뜨개질하는 사람들의 감성은 잔물결처럼 여리고 섬세합니다. 드라마나 CF에 비춰지는 뜨개질하는 여자의 모습이 여느 여인보다 아름다워 보이는 건 손과 눈에 소녀의 감수성과 정서가 배어 있기 때문입니다. 이렇게 실, 바늘과 교감하는 사랑스런 여인은 누구나 될 수 있습니다.

오랜만에 세 번째 손뜨개 책을 내놓습니다. 한 권의 책이 나오기까지의 수고로움으로 인해 한순간 후회하기도 했지만, 책의 내용을 기획하고 머리를 맞대어 작품을 구상하며 종이와 잉크 향이 폴폴 나는 서점의 한 코너에 서서 이 책을 손에 들고 한 장 한 장 넘겨 보아 줄 아름다운 독자를 생각하며 즐겁게 작업할 수 있었습니다.

작품에 참여한 친애하는 제자들에게 고마움을 전하며 작품은 출품했으나 선택되지 못한 분들께는 죄송하다는 말씀을 올립니다.

마지막으로 작품 제작에 필요한 실을 제공해 주신 '하나상사' 사장님께도 감사드립니다.

서경숙(seraknit@hanmail.net) 씀

차 · 례

PART 1 봄 · 여름용 패션 니트

PART 2 가을 · 겨울용 패션 니트

Knit for four season

Knit for spring & summer

봄·여름용 패션 니트

Knit for spring & summer

Part 1

Kintting 01

로즈마리 원피스

1
2
3
4

1. 앞목 부분과 여밈 단추
2. 뒷목 부분
3. 허리 리본
4. 스커트 부분

로즈마리 원피스

실 : 이노 – 체리핑크 450g, 블루 30g
단추 : 18mm 5개
바늘 : 모사용 3호 코바늘
사이즈 : M(66)
게이지 : A무늬 10cm²
9무늬 9무늬단
작품 : 김문선(달해)

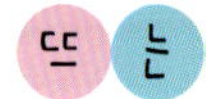

뜨는방법

몸판 뜨기

1 사이즈에 맞게 사슬뜨기하고 한길긴뜨기 1단을 뜹니다.

2 한길긴뜨기의 3칸, 4칸을 번갈아 건너며 국화무늬(A무늬) 뜨기를 합니다. 앞단을 뜰 만큼의 공간인 한길긴뜨기 6코를 비워 둡니다.

3 양쪽 앞판에서 1군데씩, 뒤판에서 2군데, 총 4군데 2코씩 분산 늘림합니다.

4 앞판과 뒤판을 구분하여 표시해 두고, 앞판은 10단을 뜨고 바스트 다트 경사뜨기를 합니다. 다트 뜨기로 인하여 앞단은 3단이 증가됩니다.

5 뒤를 기준으로 17단을 뜨고 진동과 앞목을 동시에 파 줍니다.

6 뒷고대를 파 주고, 앞 · 뒤판의 어깨를 겉에서 감침질로 잇습니다.

몸판 아웃라인

1 스팀 다림질로 옷 틀을 잡아가며 세팅합니다.

2 앞단의 네크라인은 짧은뜨기 5단, 진동은 짧은뜨기 2단과 피코뜨기를 합니다. 짧은뜨기 첫단은 국화무늬 1개에 3코씩 뜨면 되지만 코를 조절하면서 울지 않도록 합니다.

*진동은 약간 코를 줄여 벌어지지 않도록 합니다.

3 진동과 네크라인 곡선 부분은 코마다 뜰 경우 늘어지게 되므로 평평하게 코를 줄이며 뜹니다. 앞단과 목선, 모서리는 도안을 참조합니다.

4 앞단 오른쪽에 단춧구멍 5군데를 내 줍니다.

5 앞단 오른쪽이 위로 올라오도록 포개어 무늬 시작단 공간에 꿰매 줍니다.

스커트 뜨기

1 몸판 콧수보다 4코가 부족하므로 첫 무늬 배열 시 코를 증가시켜 B무늬 콧수를 맞춰 원통뜨기합니다. 1세트는 18코이고 그 중 한길긴뜨기가 13코로 시작합니다.

2 한길긴뜨기 라인마다 2코씩 27단 뜰 동안 총 12코를 늘림하고 한길긴뜨기가 25코가 되면 늘림 없이 31단을 평뜨기하면서 길이를 조절합니다.(2단 뜨고 2코씩 증가 3회, 4단 뜨고 2코씩 증가 1회, 6단 뜨고 2코씩 증가 1회, 8단 뜨고 2코씩 증가 1회)

3 스커트 밑단은 국화뜨기로 2단을 뜹니다.

4 스팀 다림질로 모양 잡아가며 세팅합니다.

벨트

1 몸판의 허리 양쪽에 사슬뜨기로 벨트 고리를 만듭니다.

2 벨트를 도안대로 뜨고 스팀 다림질한 후 허리에 둘렀을 때 오른쪽이 위로 가도록 포개어 맨 아래 단추에 뀁니다.

3 리본은 벨트뜨기와 동일하고 탈부착이 가능하도록 옷핀을 꽂아 줍니다.

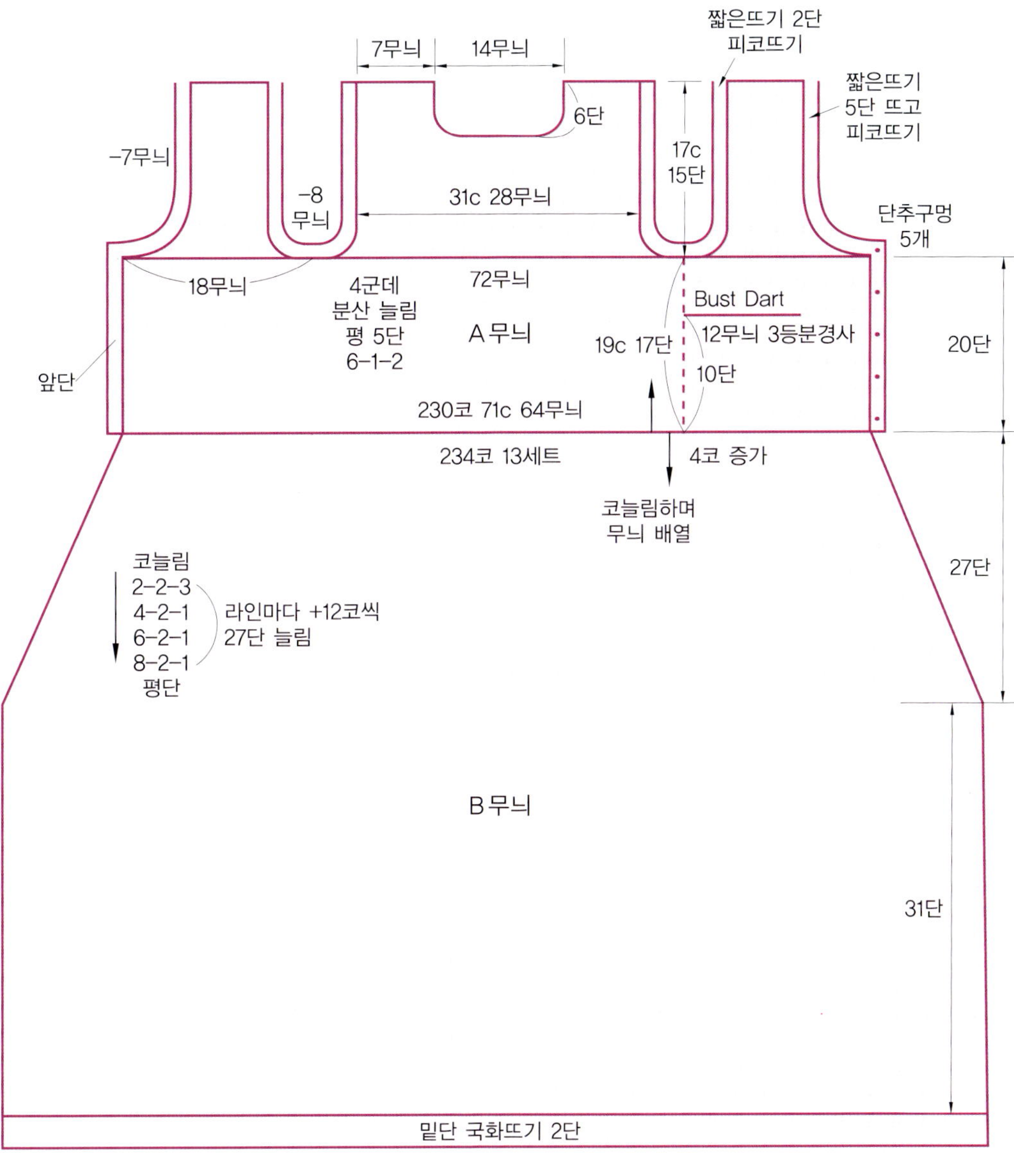

짧은뜨기 2단
피코뜨기
7무늬
14무늬
짧은뜨기
5단 뜨고
피코뜨기
6단
-7무늬
17c
15단
-8
무늬
31c 28무늬
단추구멍
5개
18무늬
4군데
분산 늘림
평 5단
6-1-2
72무늬
A무늬
Bust Dart
12무늬 3등분경사
19c 17단
10단
20단
앞단
230코 71c 64무늬
234코 13세트
4코 증가
코늘림하며
무늬 배열
코늘림
2-2-3
4-2-1
6-2-1
8-2-1
평단
라인마다 +12코씩
27단 늘림
27단
B무늬
31단
밑단 국화뜨기 2단

바스트 다트 경사뜨기

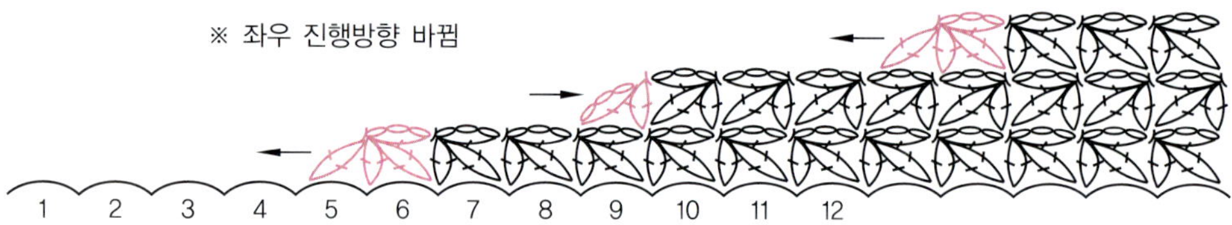
※ 좌우 진행방향 바뀜
1
2
3
4
5
6
7
8
9
10
11
12

앞목, 앞단 뜨기

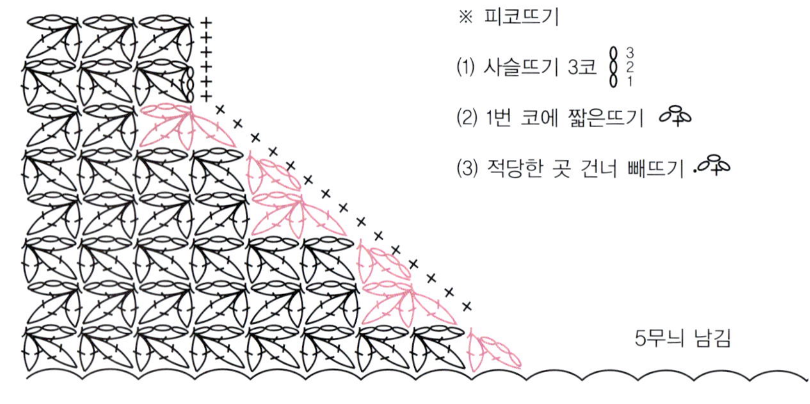
5무늬 남김

※ 피코뜨기

(1) 사슬뜨기 3코

(2) 1번 코에 짧은뜨기

(3) 적당한 곳 건너 빼뜨기

▶▶ 아웃라인 유의점

진동과 네크라인 곡선 부분은 코 줄임하면서 늘어지지 않도록 한다.

▶▶ 앞단 모서리

진동 뜨기

단춧구멍 만들기

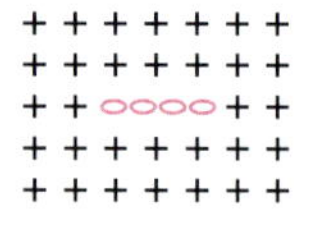

뒷고대 뜨기

10무늬 남김

허리 뜨기

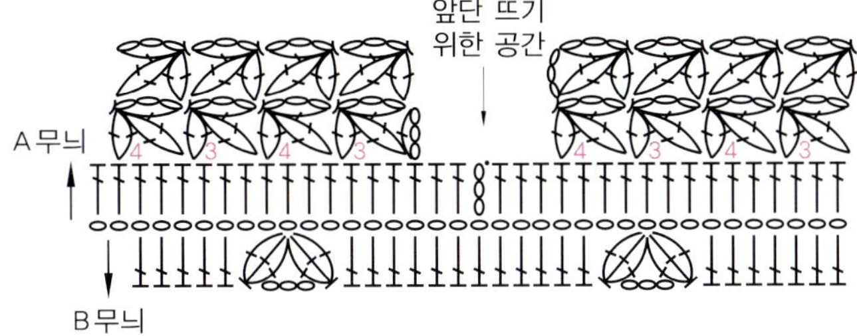
앞단 뜨기
위한 공간
A무늬
4
3
4
3
4
3
4
3
B무늬

국화 A무늬 코늘림

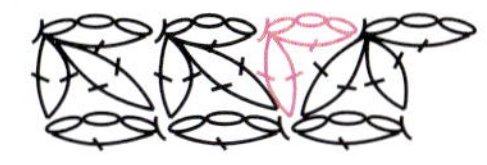

B무늬 뜨기

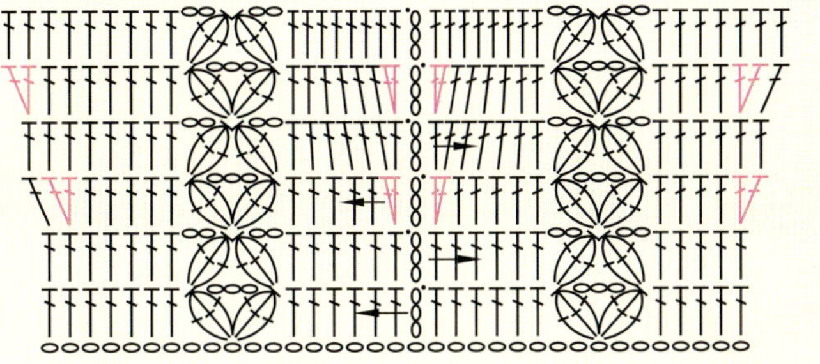

1세트 18코
13세트

한길긴뜨기 25코 되면 평뜨기

※ 2코씩 늘림

왕복 국화무늬 뜨기

① 사슬기둥 3코를 세웁니다.

② 그 자리에 한길긴뜨기 1코를 뜹니다.(시작 기둥코에만)

③ ②번에서 사슬 3코를 뜨고 한길긴뜨기를 미완성코로 둡니다.

④ ②번 밑코에 한길긴뜨기 미완성코 2코를 뜹니다.

⑤ 밑코 3칸째 가서 한길긴뜨기 미완성코 2코를 뜨면 모두 6코가 남아 있고 한꺼번에 빼 줍니다.

벨트 뜨기

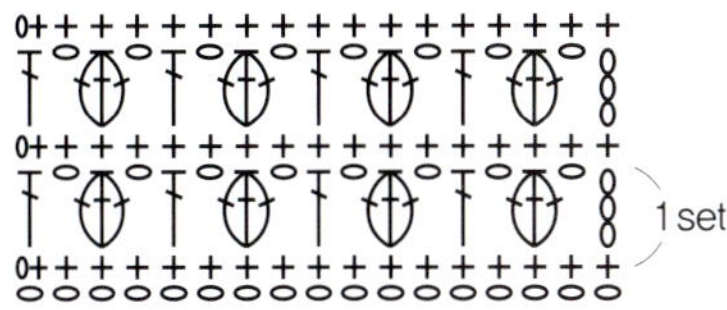
1 set

▶▶ 허리에 맞게 길이를 조절한다.

벨트 배색 아웃라인

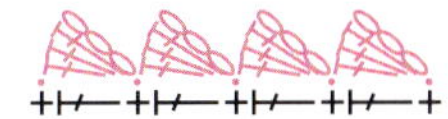

▶▶ 허리 양쪽에 사슬뜨기로 벨트고리를 만듭니다. 벨트는 별도 단춧구멍 없이 몸판 첫 단추에 포개어 꿰어 준다.

리본 만들기

뜨는 법은
벨트와 동일

40c

6c

안으로 접어

가운데 묶음.

※ 옷핀을 부착합니다.

Kintting 02

로즈 원피스

1
2
3
4

1. 앞목 부분 레이스와 꽃무늬
2. 뒷목 부분과 레이스
3. 소매 부분 레이스
4. 스커트 부분과 하단 레이스

로즈 원피스

실 : 대나무면 라메 – 머스터드 300g, 블랙 300g
바늘 : 4mm 대바늘, 모사용 3호 코바늘
사이즈 : M(66)
게이지 : 메리야스뜨기 23.5코 29단

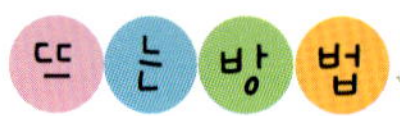
뜨는방법

1 앞 뒤 몸판을 메리야스뜨기로 좌우 각 2쪽씩 떠서 어깨를 잇고 진동과 앞단 레이스를 뜹니다.(도안 참조)

2 진동은 아래서 위로 약 8cm 가량 막아 줍니다. 레이스 안쪽 노란색 몸판 부분을 겉에서 노란색 실로 듬성듬성 감침질해 줍니다.

3 밑단 허리부분은 무늬뜨기합니다.(도안 참조)

4 B무늬로 스커트 부분을 떠서 허리에 연결하여 완성합니다.

5 앞뒤 파임이 부담스러우면 레이스 무늬를 떠서 안쪽에 꿰매 줍니다.

*대바늘뜨기 2겹, 코바늘뜨기 1겹 사용

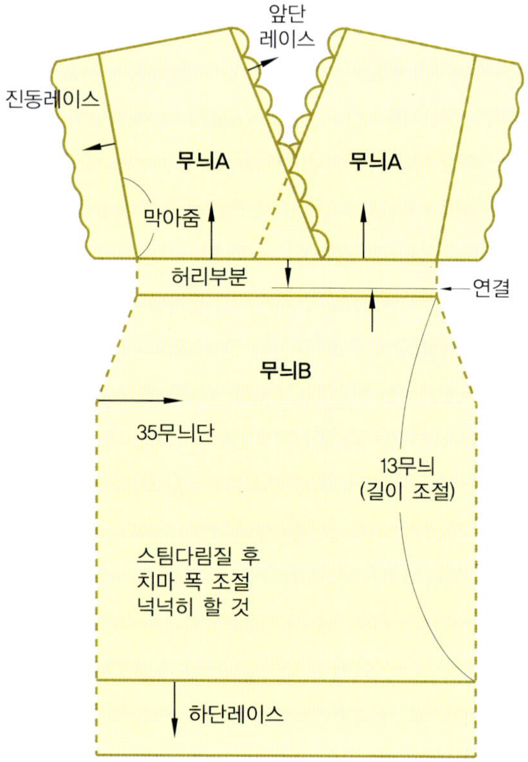

앞단 레이스
진동레이스
무늬A
무늬A
막아줌
허리부분
연결
무늬B
35무늬단
13무늬 (길이 조절)
스팀다림질 후 치마 폭 조절 넉넉히 할 것
하단레이스

앞 · 뒤 몸판

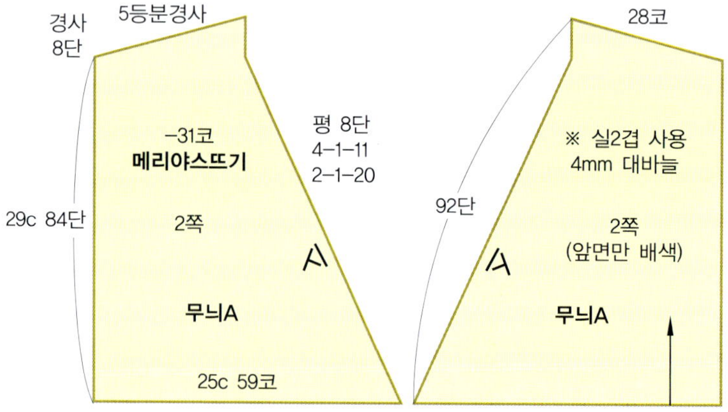

경사 8단
5등분경사
-31코
메리야스뜨기
평 8단
4-1-11
2-1-20
29c 84단
2쪽
무늬A
25c 59코
28코
92단
※ 실2겹 사용
4mm 대바늘
2쪽
(앞면만 배색)
무늬A

여밈 부분 마무리

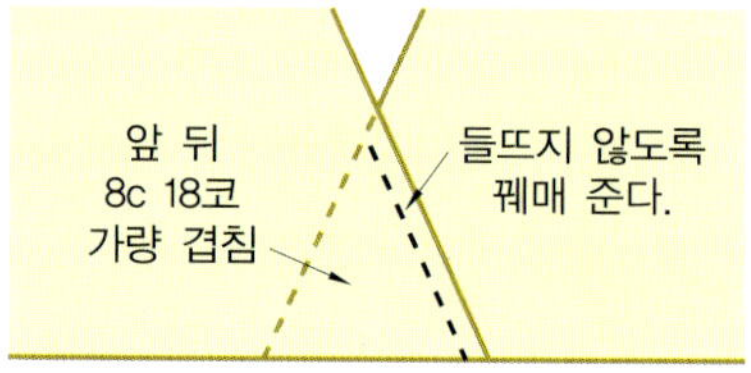

앞 뒤
8c 18코
가량 겹침
들뜨지 않도록
꿰매 준다.

▶▶ 목 파임을 덜하려면 더 많이 겹쳐 주면 된다.

몸판 밑단 허리 부분

1 몸판 밑단에서 코마다 노란색으로 짧은뜨기 2단을 뜹니다.

2 앞, 뒤 중앙은 18코 가량 겹쳐서 함께 짧은뜨기를 합니다.

3 짧은뜨기 2단째에서 무늬의 3배수로 맞춥니다.
(54무늬이므로 짧은뜨기는 162코)

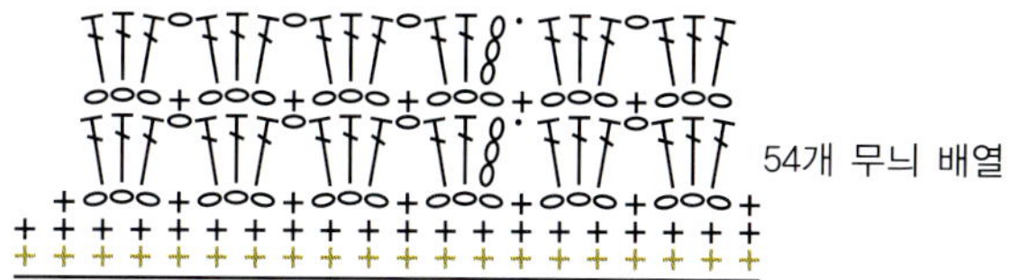
54개 무늬 배열

허리 연결하기

1 스커트 무늬 1세트마다 짧은뜨기 5코씩 뜹니다.

2 짧은뜨기 2단째에서 허리무늬 수의 3배가 되도록 줄이며 조절합니다. 허리 라인 짧은뜨기 수와 동일해야 합니다.

3 연결은 모티브 잇기로 합니다. 사슬 1코 뜨고 바늘을 빼서 허리무늬 사슬 칸으로 코를 빼낸 다음 나머지 사슬 2코 뜨고 짧은뜨기를 합니다.

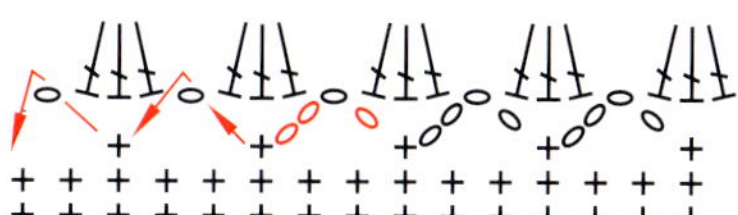

B무늬 잇기

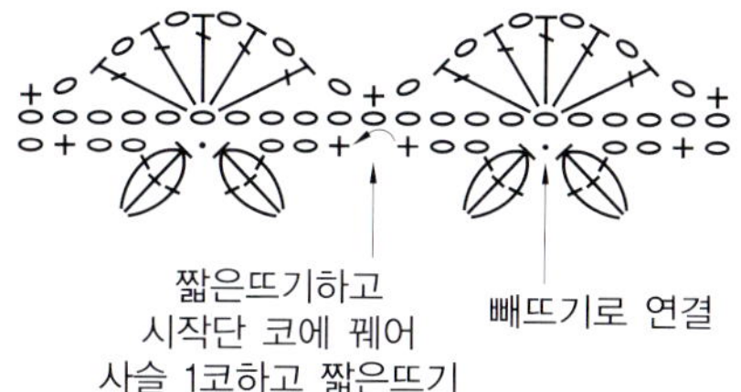
짧은뜨기하고
시작단 코에 꿰어
사슬 1코하고 짧은뜨기
빼뜨기로 연결

▶▶ B무늬의 잇기는 마지막 무늬 뜰 때 시작한 부분인데 연결하여 모티브 잇는 방식으로 한다. 잘 모르겠으면 정상적으로 뜬 다음 겉에서 감침질로 이어준다.

B무늬 뜨기

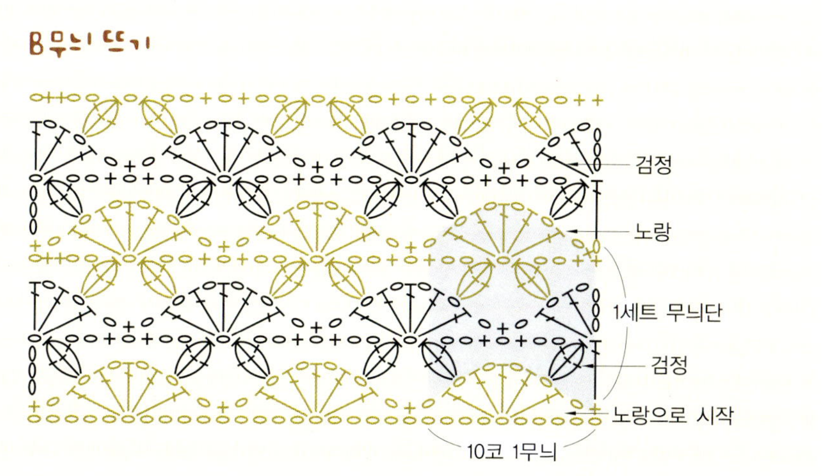
검정
노랑
1세트 무늬단
검정
노랑으로 시작
10코 1무늬

진동 레이스 뜨기

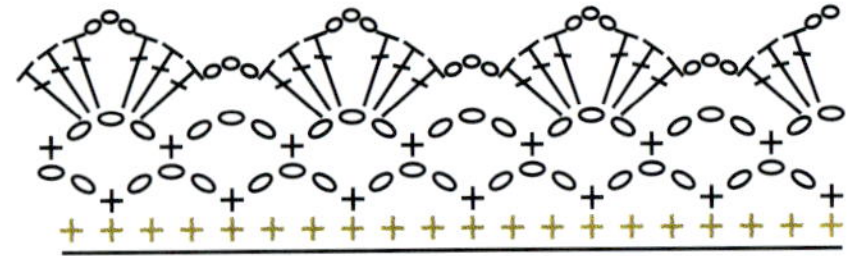

몸판에서 짧은뜨기 배열은 노란색으로!
4코 뜨고 1코 건너기 배열

++++ ++++ ++++

앞단 레이스 뜨기

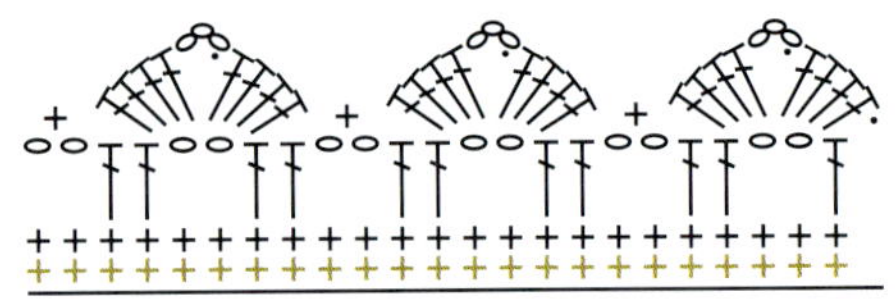

몸판에서 짧은뜨기 배열은 매 칸마다!
첫 단만 노란색!

한길긴뜨기 4코 뜨고
사슬 3코 뜬 다음 바로 전 한길긴뜨기
4번째 코에 찔러 빼뜨기
다시 한길긴뜨기 4코

하단 레이스 뜨기

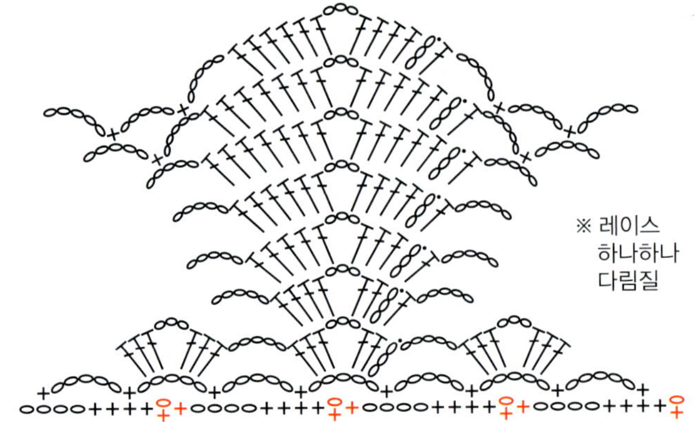

※ 레이스
하나하나
다림질

▶▶ 하단 레이스는 7단까지 무늬 사이 사슬 5코를 뜬다.
진동 레이스는 5단까지 무늬 사이 사슬 3코를 뜬다.

■ 배색 방법

①

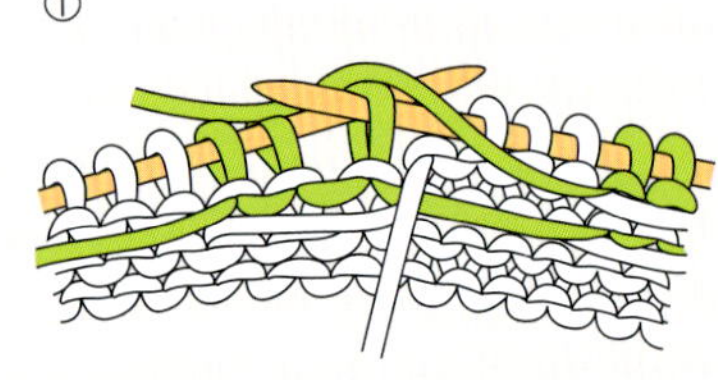

②

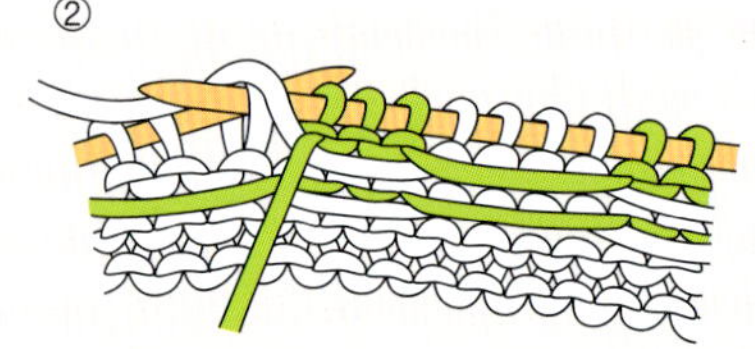

③

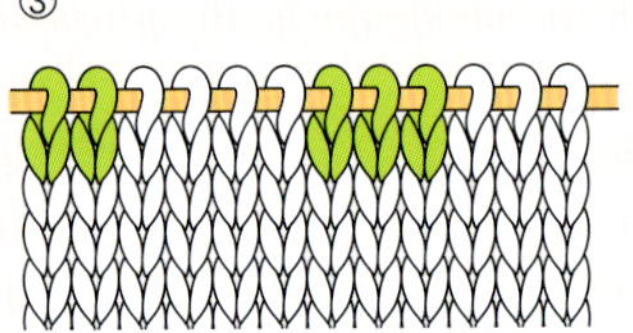

장미 문양

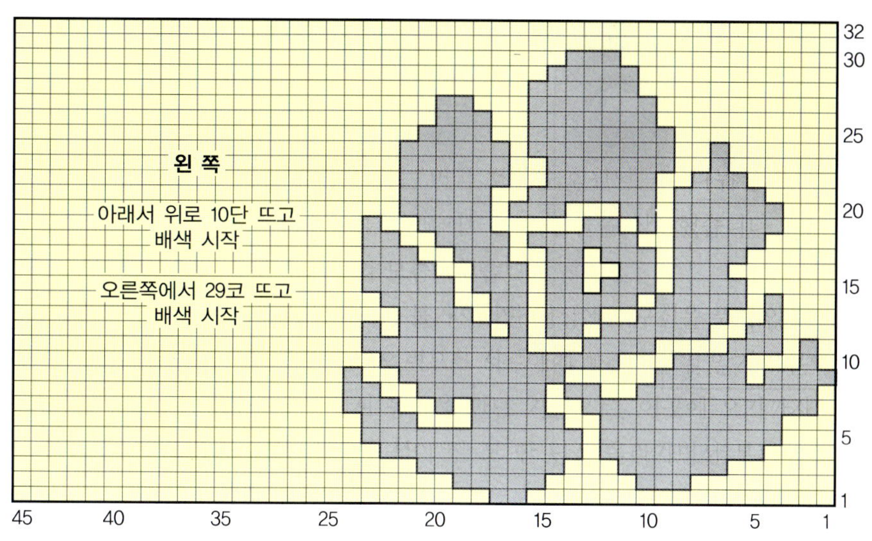

왼 쪽
아래서 위로 10단 뜨고
배색 시작
오른쪽에서 29코 뜨고
배색 시작
32
30
25
20
15
10
5
1
45
40
35
25
20
15
10
5
1

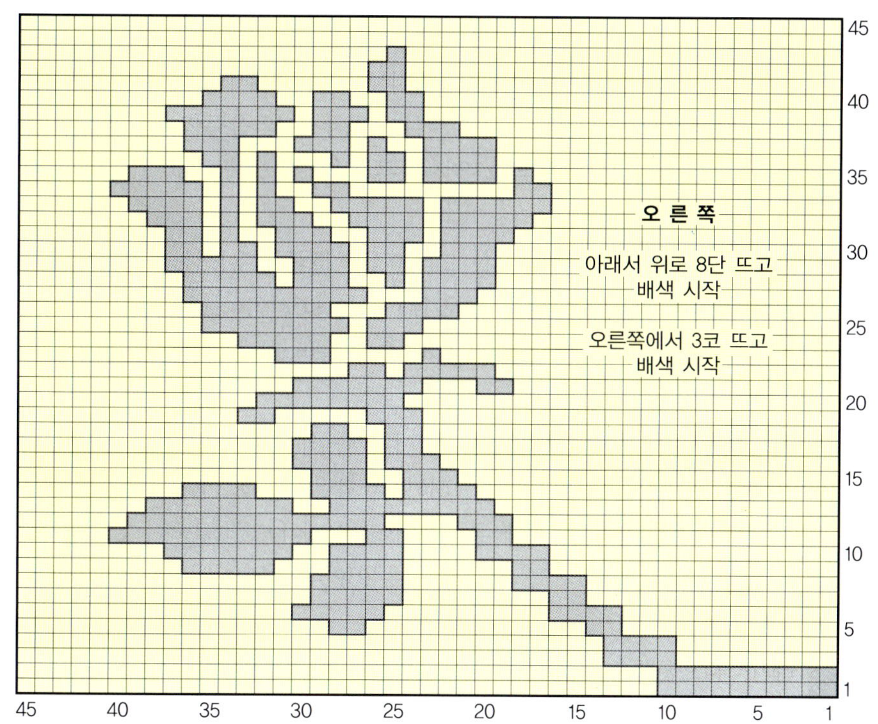

오 른 쪽
아래서 위로 8단 뜨고
배색 시작
오른쪽에서 3코 뜨고
배색 시작
45
40
35
30
25
20
15
10
5
1
45
40
35
30
25
20
15
10
5
1

Kintting 03

프릴 베스트

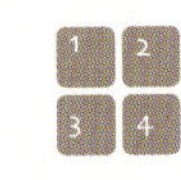

1
2
3
4

1. 앞목 부분
2. 하단 레이스
3. 팔목 부분 레이스
4. 전체 무늬

프릴 베스트

실 : 아마사K – 그레이 230g, 그라나다 90g
단추 : 23mm 5개
바늘 : 모사용 4, 5호 코바늘
사이즈 : M(66)
게이지 : 19.5코 9단

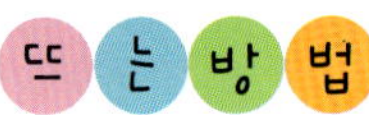

뜨는방법

● 몸판 뜨기

1 5호 코바늘로 몸판 전체 23무늬를 배열합니다.
*첫 번째단 사슬은 느슨하게 시작합니다.

2 무늬 배열에 표시한 다트 라인에 다트를 넣습니다.(17단)

3 17단을 뜨면 앞판과 뒤판을 분할하여 표시하고 옆선을 중심으로 바스트 다트 2단을 경사뜨기합니다. 따라서 앞판 쪽은 2단이 늘어납니다.

4 뒤를 기준으로 22단 뜨고, 진동과 앞목 줄임을 동시에 진행합니다.
*진동은 줄임 후 8코 늘림합니다.

5 옷이 완성되면 스팀 다림질로 모양 잡아 세팅하고, 앞 · 뒤판 어깨는 겉에서 감침질로 잇습니다.

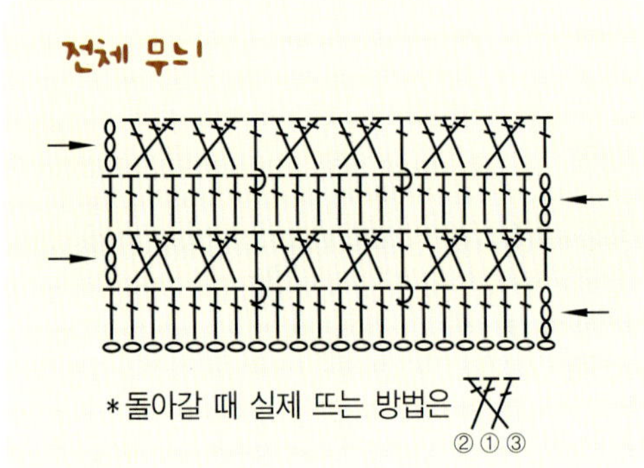

전체 무늬
*돌아갈 때 실제 뜨는 방법은
② ① ③

바스트 다트 경사뜨기

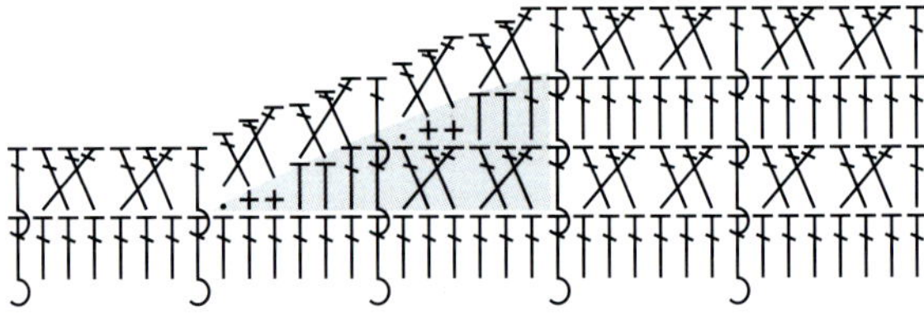

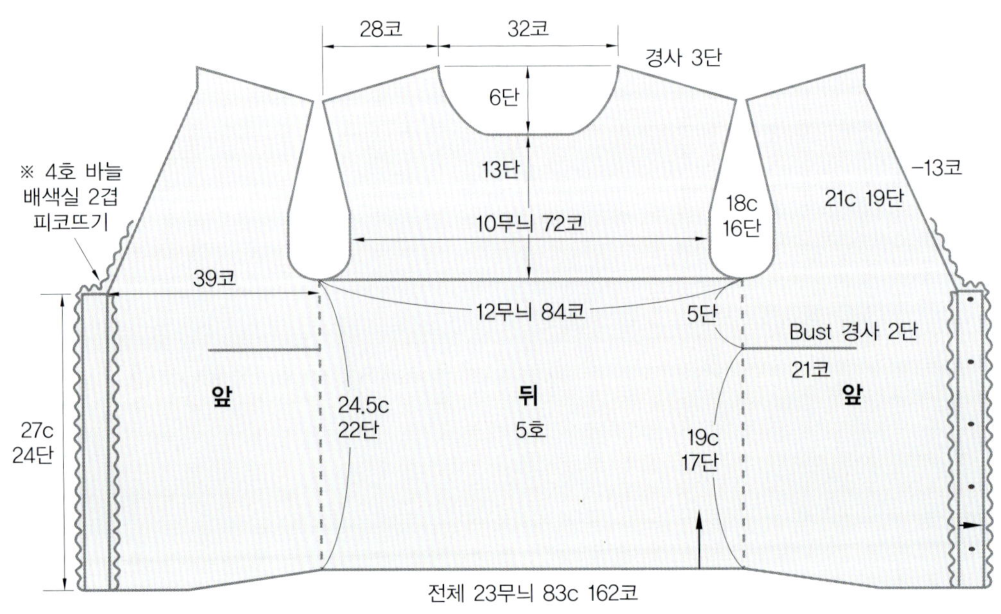

28코
32코
경사 3단
6단
13단
※ 4호 바늘 배색실 2겹 피코뜨기
10무늬 72코
18c 16단
21c 19단
-13코
39코
12무늬 84코
5단
Bust 경사 2단
21코
앞
뒤
5호
앞
27c 24단
24.5c 22단
19c 17단
전체 23무늬 83c 162코

앞목 줄임

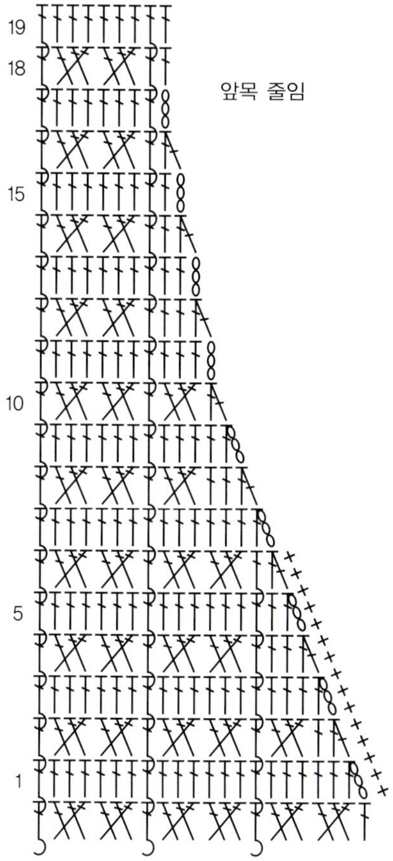

19
18
15
10
5
1

앞목 줄임

진 동

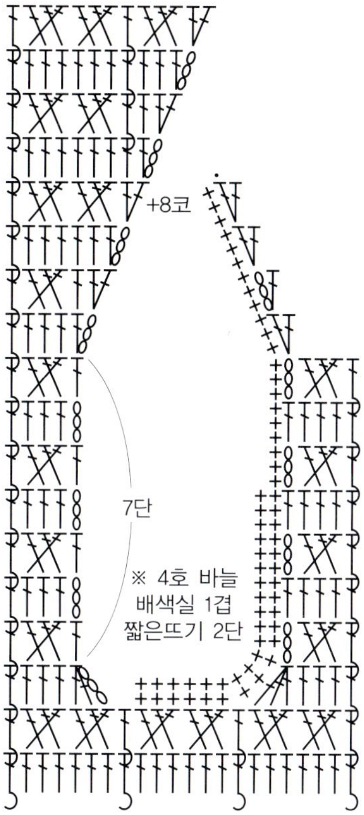

+8코

7단

※ 4호 바늘
배색실 1겹
짧은뜨기 2단

다 트

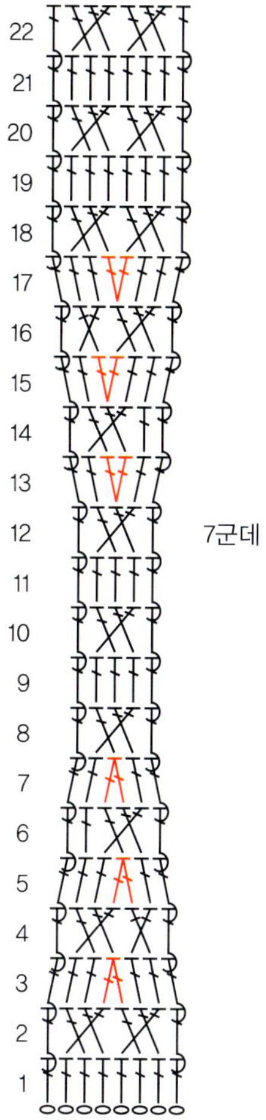

22
21
20
19
18
17
16
15
14
13
12
11
10
9
8
7
6
5
4
3
2
1

7군데

다트 배열

21 18 15 12 9 6 3

뒷고대

어깨 경사

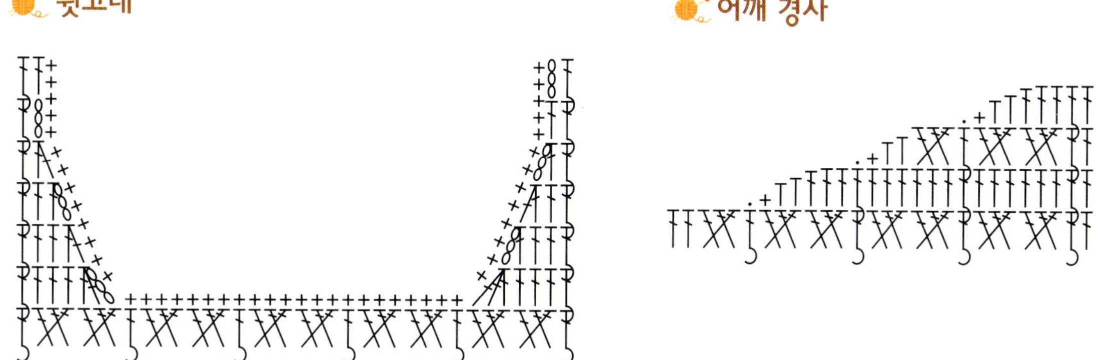

앞단 단춧구멍

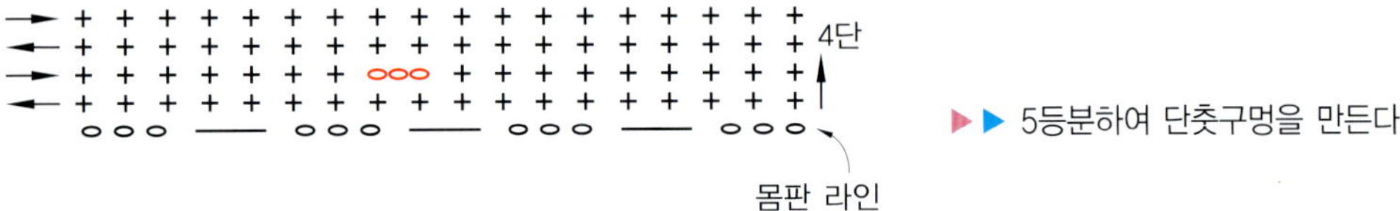
4단
몸판 라인

▶▶ 5등분하여 단춧구멍을 만든다.

● 에 칭

1 왼쪽 앞단에 짧은뜨기 3단을 뜹니다. 오른쪽 앞단은 2단째에 단춧구멍 5개를 내 주고, 총 3단을 뜬 다음 실을 끊어 오른쪽 앞단 끝에서 새로 시작하여 짧은뜨기 1단을 오른쪽 앞단, 앞목, 뒷고대, 왼쪽 앞단까지 이어 떠 줍니다.(앞단은 총 4단)

2 배색실 2겹으로 4호 코바늘을 사용하여 앞단과 네크라인에 피코뜨기하고, 앞단 안쪽 라인에도 피코뜨기를 합니다.

*첫 배색실 2겹으로 사슬뜨기 120cm 가량 떠서 3겹 만들어 밑에서 10단째 뒤 중앙에 리본을 묶는다.

● 레이스

1 배색실 1겹으로 4호 코바늘을 사용하여 밑단에 짧은뜨기 1단을 코 늘림하여 뜹니다. 몸판 무늬 1세트에 2코씩 늘어납니다. 다음 단은 늘림 없이 코마다 뜹니다. 앞단 끝부터 시작하여 몸판 무늬의 걸어뜨기 라인마다 레이스 한 세트를 배열합니다.

2 진동에 짧은뜨기 2단을 뜨고 레이스 무늬 13개를 배열합니다.

3 레이스를 모양 잡아 펴면서 스팀 다림질합니다.

레이스 뜨기

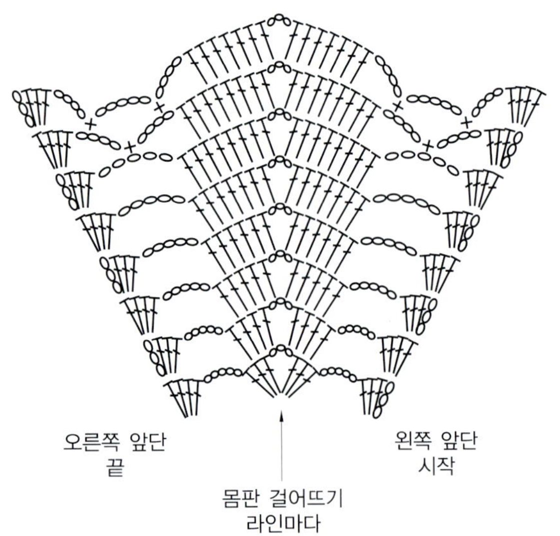
오른쪽 앞단
끝
왼쪽 앞단
시작
몸판 걸어뜨기
라인마다

레이스 무늬 배열

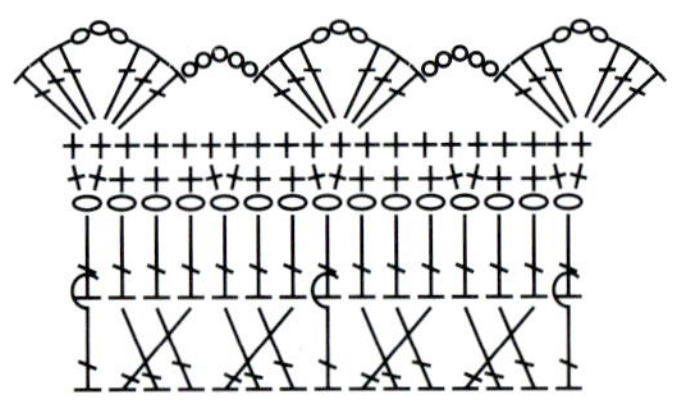

※ 피코뜨기

(1) 사슬뜨기 3코

(2) 1번 코에 짧은뜨기

(3) 적당한 곳 건너 빼뜨기

니트(knit)의 기원

메리야스라는 말의 어원은 에스파냐어 메디아스(medias) 또는 포르투갈어인 메이아스(meias)에서 유래되었는데, 이는 영어에서 양말이라는 뜻의 호스(hose) 또는 호저리(hosiery)에 해당된다. 한때 메리야스를 막대소(莫大小)라고도 불렀던 이유는 메리야스가 신축성이 커서 착용상 크고 작은 치수에 구애되지 않는 옷이라는 뜻에서였다. 니트(knit)는 고대영어 니탄(cnyttan)에서 비롯되었다고 한다. 이 용어는 1492년에 영국 역사가에 의해서 처음 'bones knitting together' 또는 'the close family circle' 이란 뜻으로 기록되었다고 한다.

메리야스의 발생 기원은 언제 어디서부터인지 확실하지 않다. 3세기의 것으로 추정되는 유프라테스 강변에서 발견된 황갈색 모편물(毛編物) 조각, 4세기의 것으로 추정되는 역시 아라비아에서 발견된 적색 수편 샌들 양말(런던 빅토리아앨버트 미술관 소장)이 가장 오래된 유품이다. 이로 미루어 보아 수편의 역사가 적어도 BC 1000년 경으로 거슬러 올라간다고 보아도 무방할 것이다.

유목 · 농경으로 식생활을 해결하던 고대인들은 발을 보호하기 위하여 맨 처음에는 모피를 조각조각 잘라서 이것을 동물뼈로 만든 바늘로 대충대충 꿰매어 신었을 것이다. 이로부터 오랜 세월이 지나 손뜨개질의 양말이 탄생했을 것으로 추측된다.

이집트의 안티노(Anti-Noe)에서 발견된 두 개의 어린이용 양말(레스터시 박물관 소장)은 5세기경의 것이며, 아라비아 지방의 푸스타트(Fustat)에서는 700~900년 경 견(絹) 편물을 떴는데 당시 사용된 바늘 끝은 훅 모양으로 생겼다고 한다.

유럽에 수편이 전파된 것은 500년 경 아랍인 또는 고트인에 의하여 이탈리아 · 에스파냐를 거쳐 들어갔다는 설이 있다. 이 설은 당시 파리에서는 처음으로 메리야스 동업조합(guild)이 설립되었다는 데 근거를 둔다. 이후 유럽 등지에서는 동업조합을 중심으로 수편이 계속 발전되었다.

14세기에 영국과 프랑스에서는 오늘날과 같은 긴양말을 왕실이나 귀족층에서 신었음이 역사자료를 통해 알 수 있다. 이것은 모사 또는 견사의 수편으로 만든 것이며, 특히 견양말은 왕실문화의 꽃을 피웠으며, 이후 전 세계 여성들에게 인기를 끌었다.

11세기에 메리 여왕이 쓴 성서시편에 수록되어 있는 그림에 의하면, 왕녀의 침전에서 시녀가 스타킹을 신기고 벗겨주는 시중을 들고 있다. 왕녀의 맨발과 다리의 모양이 시녀가 손에 든 스타킹의 모양과 꼭 같아서 당시의 수편 양말을 얼마나 정교하게 떴는가를 능히 알 수 있다.

이후 수편 양말은 15~16세기에 걸쳐 유럽 등지에서 여자들의 가내부업으로 성행하였다. 때를 같이하여 도버해협의 섬 여자들은 모사로 스웨터를 손뜨개질하여 바다에 나가 일하는 남편에게 입히기도 하였다. 양말이야말로 오늘날 메리야스의 원조인 것이다. 한국에는 20세기 초에 전래되었다.

Kintting 04

린넨 원피스

1. 앞목 부분과 바스트 다트
2. 뒷목 부분
3. 스커트 부분과 하단 무늬
4. 소매 부분과 무늬

린넨 원피스

실 : 린넨서프 – 와인 450g
바늘 : 모사용 4, 5호 코바늘
사이즈 : M(66)
게이지 : C무늬 10cm²
25코 10단

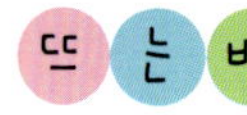

뜨는방법

● 스커트 뜨기(①)

1 5호 코바늘로 A무늬를 시작합니다.

2 2무늬단을 뜨고 무늬 사이마다 사슬코를 늘립니다. 사슬 4칸이 1세트가 됩니다.

3 4단을 뜨고 7단째에서 전체 무늬를 3등분하여 3군데에 사슬코를 늘립니다.

4 2단을 뜨고 9단째 3군데 늘림 라인에 사슬코를 한번 더 늘림하여 무늬 한 세트가 들어가도록 합니다. 시작 무늬에서 3단 무늬가 증가됩니다.

5 2단을 뜨고 11단째에 3군데 증가된 무늬 양쪽에 사슬코를 늘림합니다. 전체 무늬가 사슬 4칸이 1세트가 되도록하고 3단을 더 진행합니다.

6 스커트 길이를 더 길게 하려면 원하는 길이만큼 더 뜹니다.

7 스팀 다림질로 모양 잡아 세팅합니다.

● 몸판 뜨기(②, ③)

1 4호 코바늘로 바꿔 B무늬 3단을 뜨고 C무늬로 진행합니다.(C무늬 배열 참조)

*B무늬는 생략할 수도 있습니다.

2 8단을 뜨고 앞뒤와 옆 중심에 표시를 해 둡니다.

3 실을 끊고 중앙에 바스트 경사뜨기 4단을 뜨고 실을 끊어 C무늬를 시작하면 원래 지점으로 돌아가 진동까지 뜹니다.

4 뒤쪽 진동을 줄이면서 2단을 뜨고 뒷목 줄임을 한 다음 어깨 경사뜨기 1단을 뜹니다.

5 앞판은 진동라인에서 4단을 뜨고 앞목 줄임을 한 다음 어깨 경사뜨기를 합니다.

6 스팀 다림질로 모양 잡아 세팅한 다음, 어깨는 겉에서 감침질로 잇고, 네크라인은 에칭뜨기를 합니다. 짧은뜨기 1단과 한길긴뜨기는 5호 코바늘로 뜨고, 위 짧은뜨기와 피코뜨기는 4호 코바늘로 뜹니다.

● 소매 뜨기

1 사슬 4칸을 1세트로 하여 무늬뜨기 5단을 진행한 다음 4군데에서 사슬코를 줄입니다.

2 2무늬단을 뜨고 나머지 4군데 사슬코를 줄입니다. 전체 무늬가 사슬 3칸이 1세트가 됩니다.

3 1무늬단을 더 뜨고(모두 8무늬단) 소매산 줄임을 합니다.

4 스팀 다림질로 세팅한 다음 소맷부리는 짧은뜨기 2단을 뜨고 6~7세트, 1무늬단을 뜹니다.

● 소매 달기

1 소매를 진동에 시침핀으로 4군데 고정하고 사슬뜨기로 지그재그 잇습니다.

2 진동에서 짧은뜨기와 사슬 2코를 뜨고, 소매에 짧은뜨기와 사슬 2코 뜨기를 반복합니다.

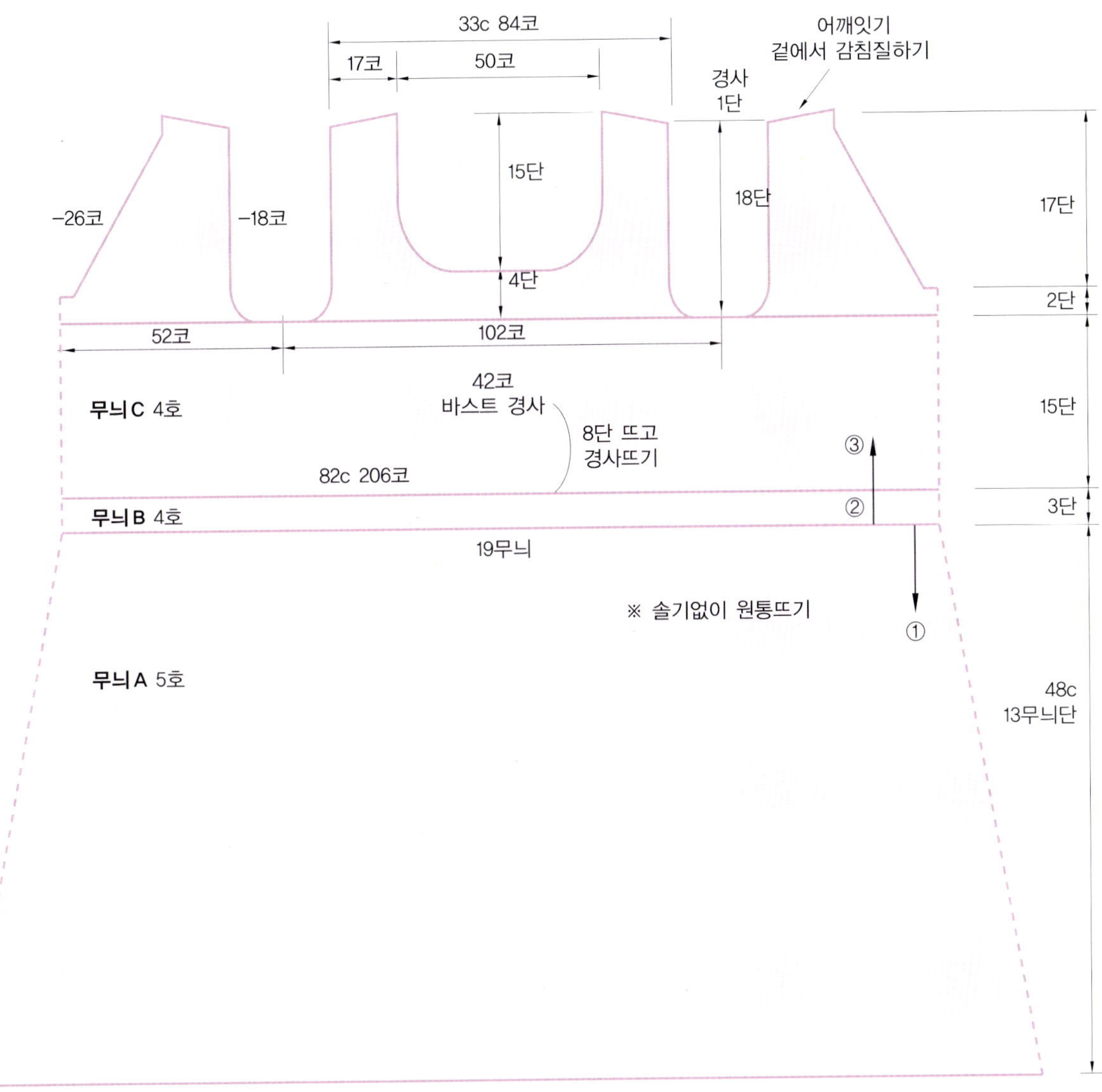

33c 84코
17코
50코
어깨잇기
겉에서 감침질하기
경사
1단
15단
18단
17단
-26코
-18코
4단
2단
52코
102코
42코
바스트 경사
무늬 C 4호
8단 뜨고
경사뜨기
15단
③
82c 206코
②
무늬 B 4호
3단
19무늬
※ 솔기없이 원통뜨기
①
무늬 A 5호
48c
13무늬단

앞목 뜨기

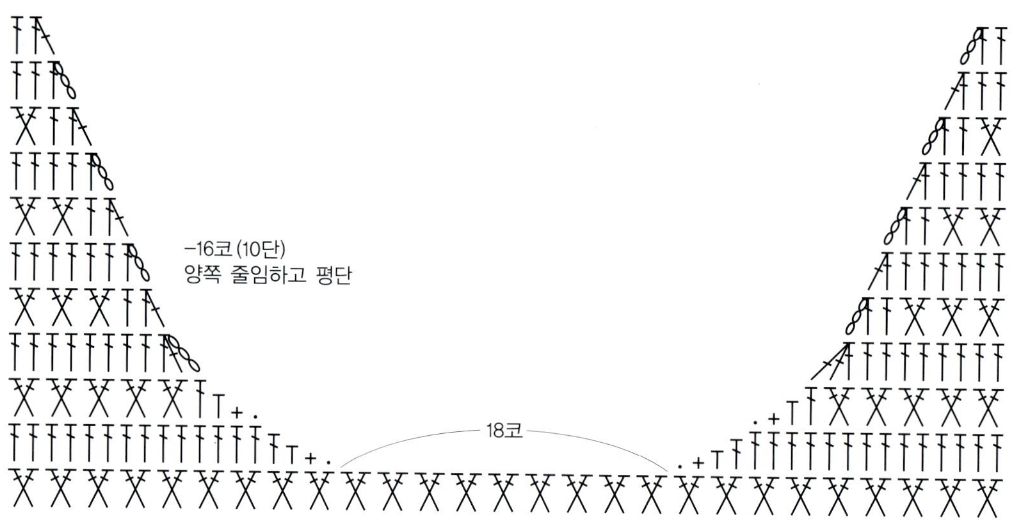
–16코 (10단)
양쪽 줄임하고 평단
18코

어깨경사, 뒷목 줄임

진동 줄임

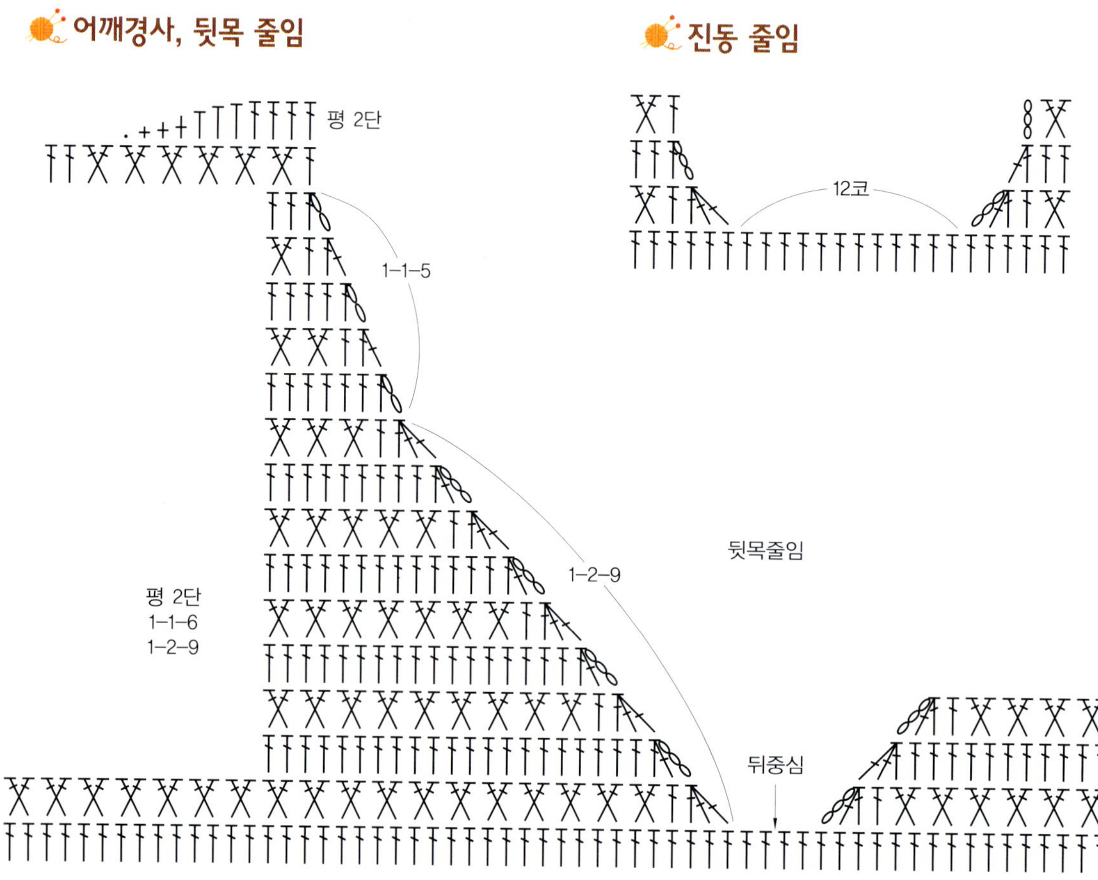
평 2단
1–1–5
1–2–9
뒷목줄임
평 2단
1–1–6
1–2–9
뒤중심
12코

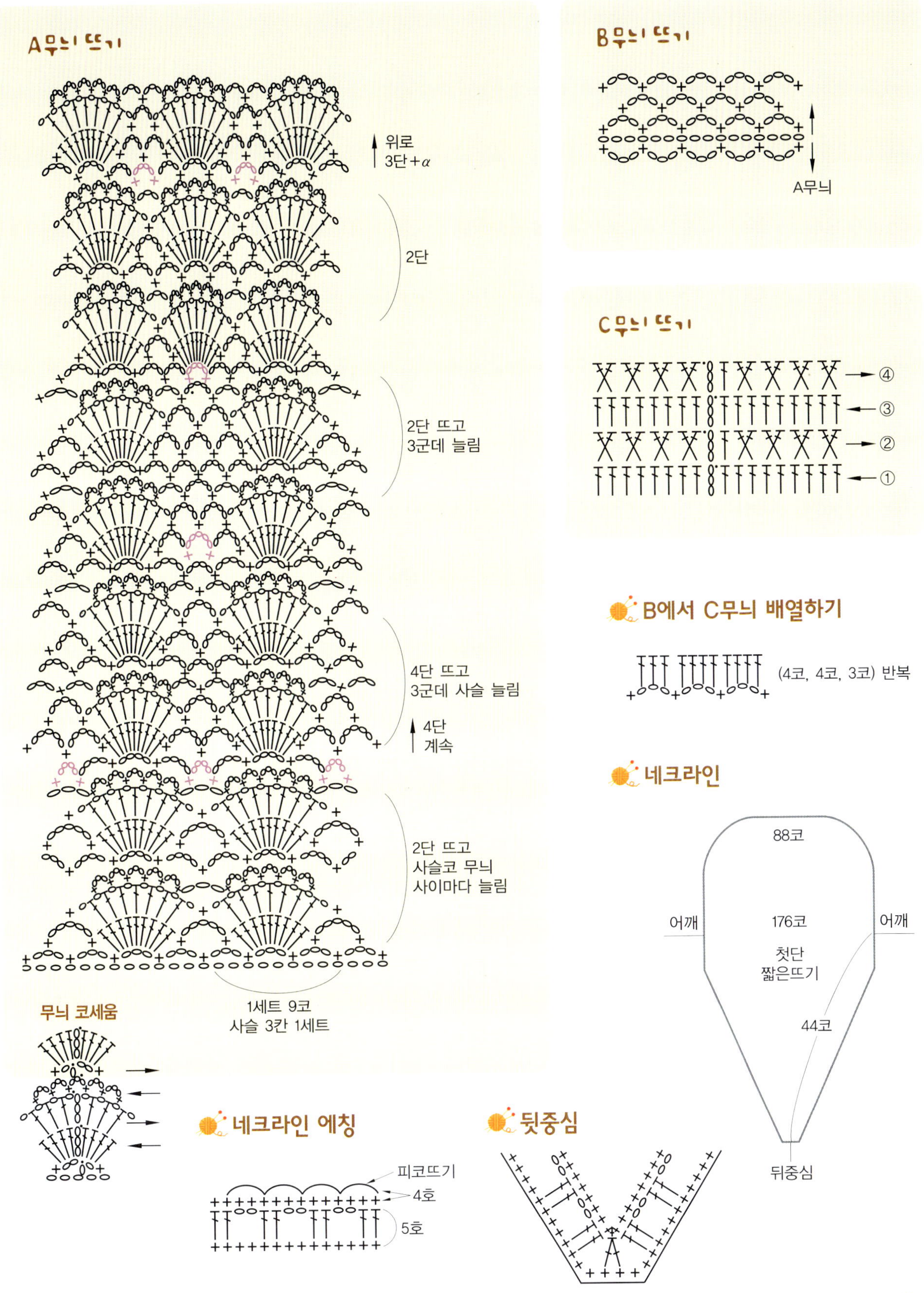

A무늬 뜨기
위로 3단+α
2단
2단 뜨고 3군데 늘림
4단 뜨고 3군데 사슬 늘림
4단 계속
2단 뜨고 사슬코 무늬 사이마다 늘림
1세트 9코
사슬 3칸 1세트
무늬 코세움
B무늬 뜨기
A무늬
C무늬 뜨기
④
③
②
①
B에서 C무늬 배열하기
(4코, 4코, 3코) 반복
네크라인
88코
어깨
176코
어깨
첫단 짧은뜨기
44코
뒤중심
네크라인 에칭
피코뜨기
4호
5호
뒷중심

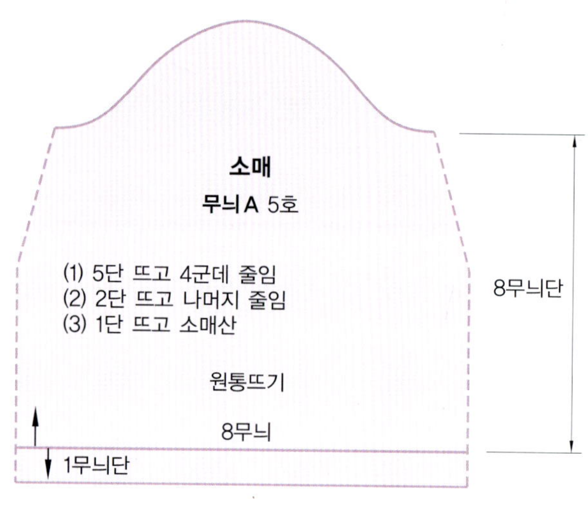
소매
무늬A 5호
(1) 5단 뜨고 4군데 줄임
(2) 2단 뜨고 나머지 줄임
(3) 1단 뜨고 소매산
원통뜨기
8무늬
1무늬단
8무늬단

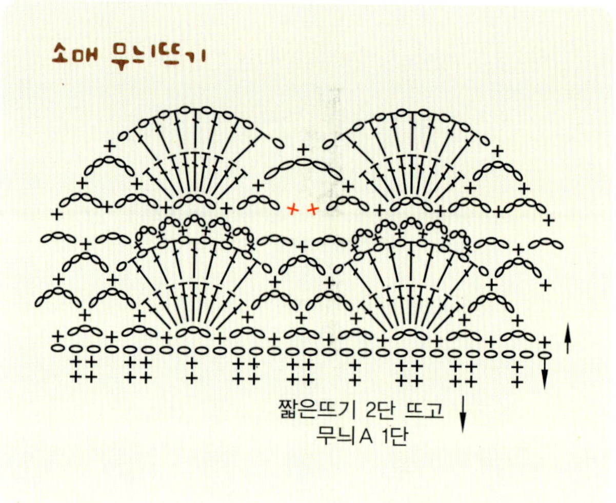
소매 무늬뜨기
짧은뜨기 2단 뜨고
무늬A 1단

소매산 뜨기

3세트 남게 됨
8무늬

소매 달기

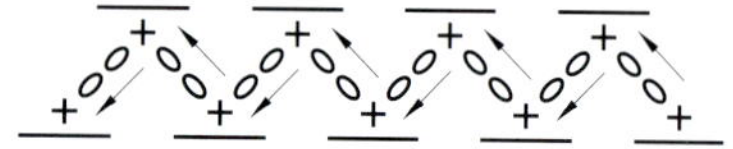

※ 피코뜨기

(1) 사슬뜨기 3코

(2) 1번 코에 짧은뜨기

(3) 세 칸째에 빼뜨기

바스트 경사뜨기

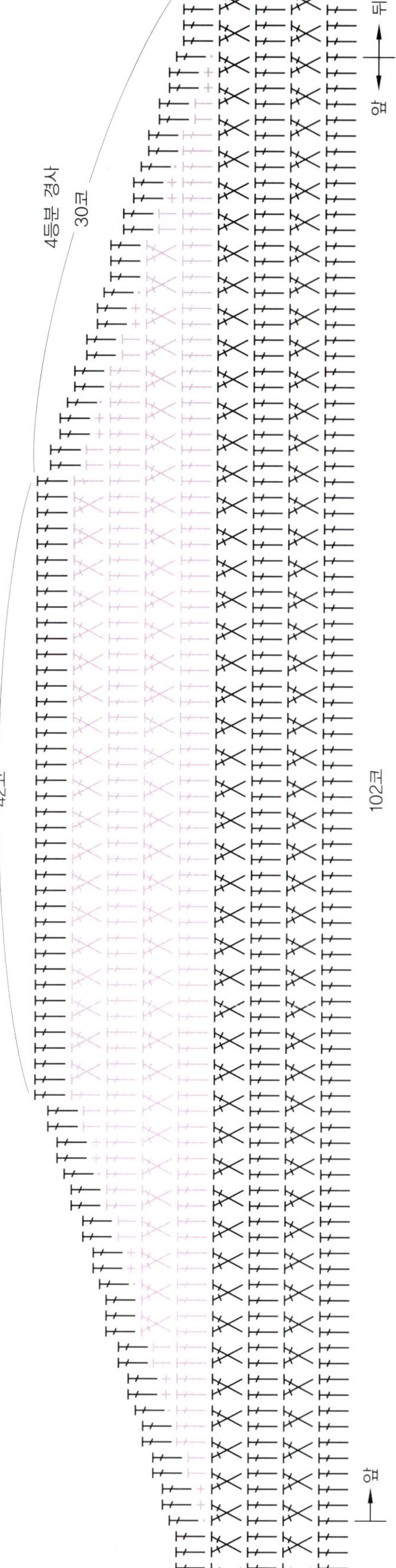
뒤
앞
4등분 경사
30코
바스트 경사뜨기
42코
102코
앞

Kintting 05

산토리니 원피스

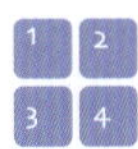
1
2
3
4

1. 전체 무늬와 다트 줄임
2. 앞목 부분과 무늬
3. 바스트 다트
4. 뒷목 부분과 무늬

산토리니 원피스

실 : 파인파나체 – 블루 240g, 화이트 160g
바늘 : 모사용 2, 3, 4호 코바늘
사이즈 : M(66)
게이지 : A무늬 : 1세트 (가로 8cm×세로 2.3cm), B무늬 : 10cm, 28코, 1무늬단 1.6cm

뜨는방법

1 무늬 수에 한 세트의 콧수 20코를 곱해 사슬뜨기를 합니다.(사슬코는 셀 필요없이 넉넉히 떠서 무늬를 배열한 다음 남은 코는 잘라내면 됩니다.)

2 전체 무늬를 배열하고 나면 처음 코에 빼뜨기를 하여 원통으로 진행합니다.

3 1차 스팀 다림질을 하여 37cm가 되면 다트를 줄입니다. 다트는 그림(37쪽)을 참조하여 다트 위치를 정해서 표시해 둡니다.

4 다트 줄임을 한 다음 'B무늬'를 진행합니다. 배색을 참조하여 B무늬를 뜨면서 3단째부터 바스트 다트 5단을 뜹니다. 양쪽 옆선을 중심으로 별도 그림의 경사뜨기(38쪽)를 참조합니다.

5 어깨끈 2장을 어깨에 맞게 떠서 스팀 다림질한 다음 늘어지지 않도록 선물 포장용 테입을 안에 덧대어 꿰매 줍니다.

6 어깨끈을 몸판 앞뒤의 위치에 맞게 꿰매 줍니다.

*옷 입고 벗기는 아래서 위로 입고 위에서 아래로 벗는 것이 수월합니다.

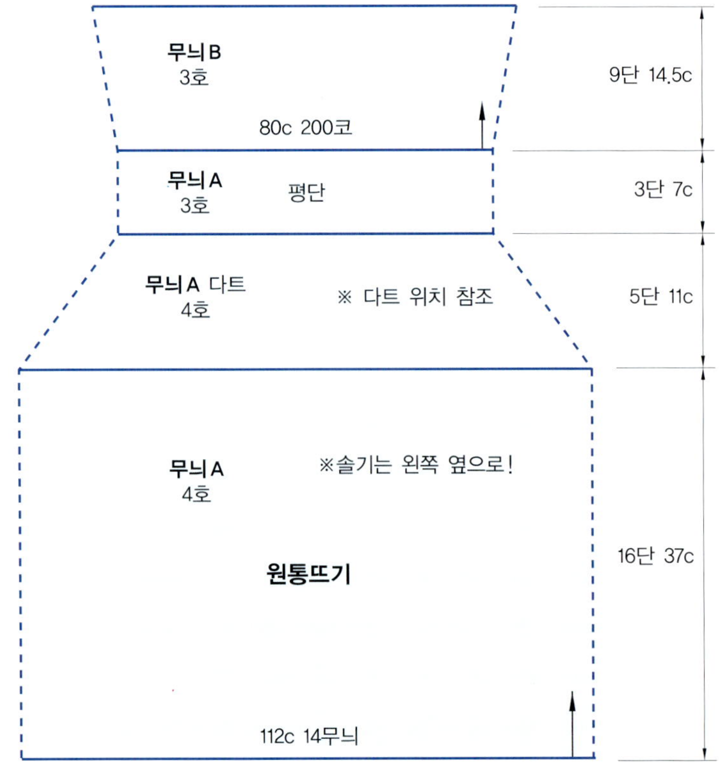
무늬B
3호
80c 200코
9단 14.5c
무늬A
3호
평단
3단 7c
무늬A 다트
4호
※ 다트 위치 참조
5단 11c
무늬A
4호
※솔기는 왼쪽 옆으로!
원통뜨기
16단 37c
112c 14무늬

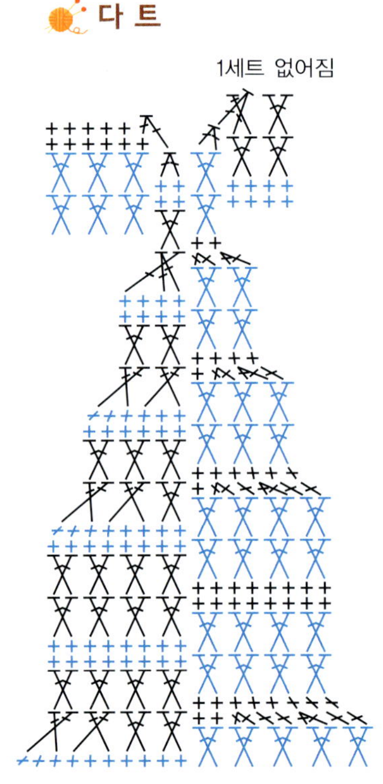
다 트
1세트 없어짐

어깨끈 레이스

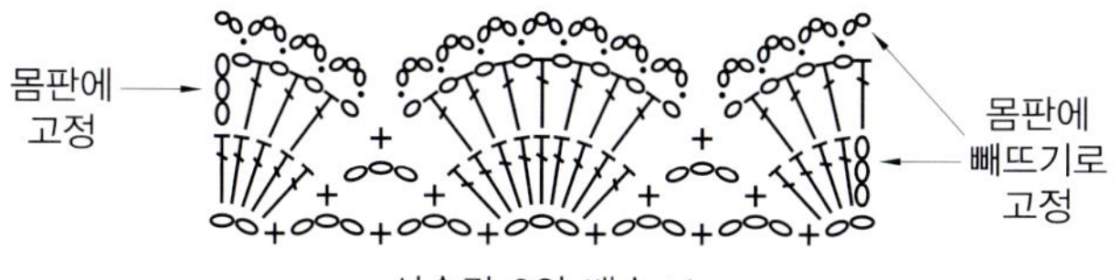
몸판에 고정
몸판에 빼뜨기로 고정
사슬칸 3의 배수+1

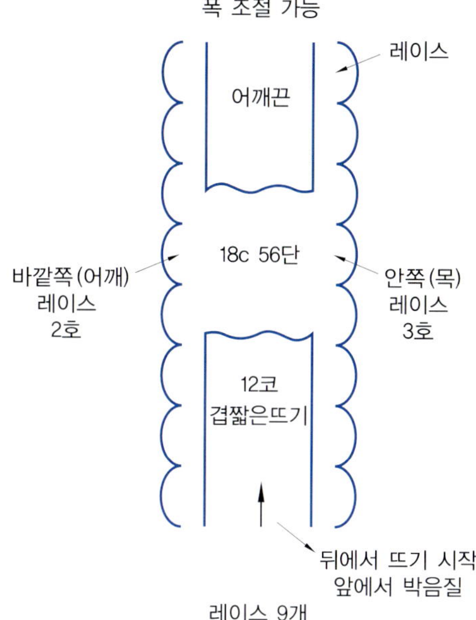
폭 조절 가능
레이스
어깨끈
18c 56단
바깥쪽(어깨) 레이스 2호
안쪽(목) 레이스 3호
12코 겹짧은뜨기
뒤에서 뜨기 시작 앞에서 박음질
레이스 9개

어깨끈 뜨기

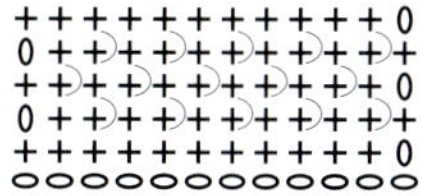

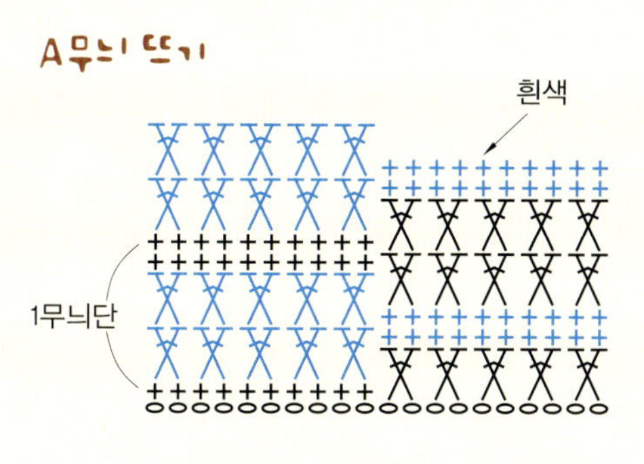
A무늬 뜨기
흰색
1무늬단

앞뒤 돌려 원통뜨기

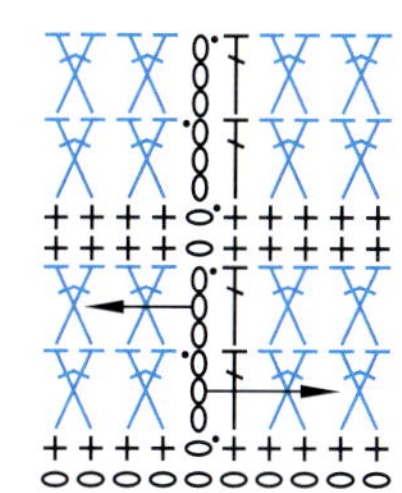

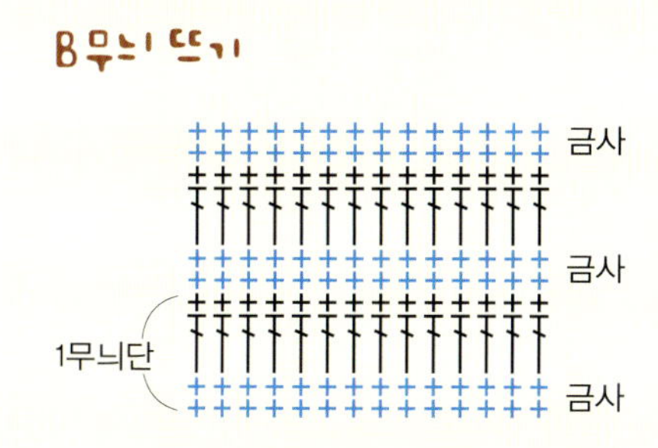
B무늬 뜨기
금사
금사
1무늬단
금사

다트 위치

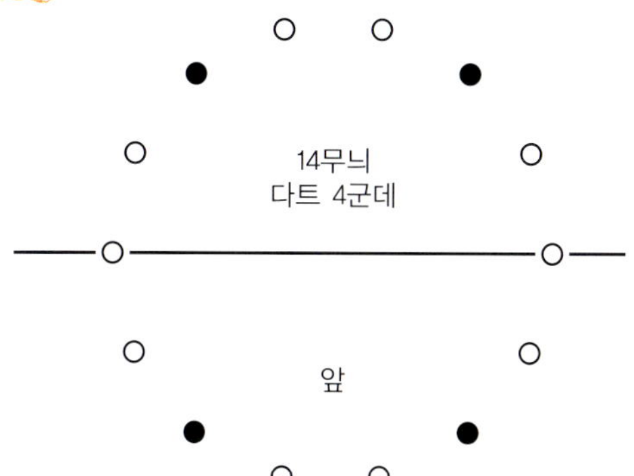
14무늬
다트 4군데
앞

B무늬 코늘림

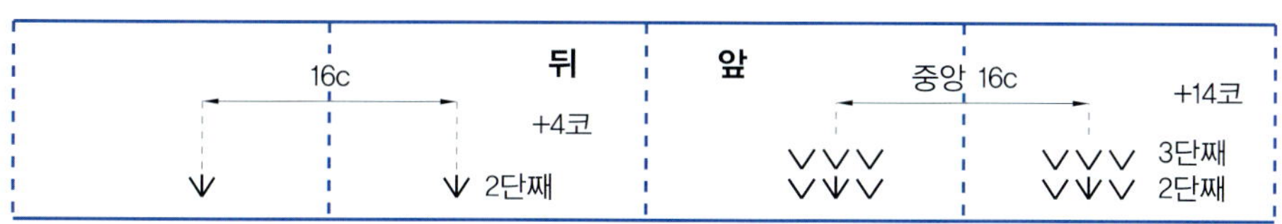
16c
뒤
+4코
2단째
앞
중앙 16c
+14코
3단째
2단째

B무늬 바스트 다트

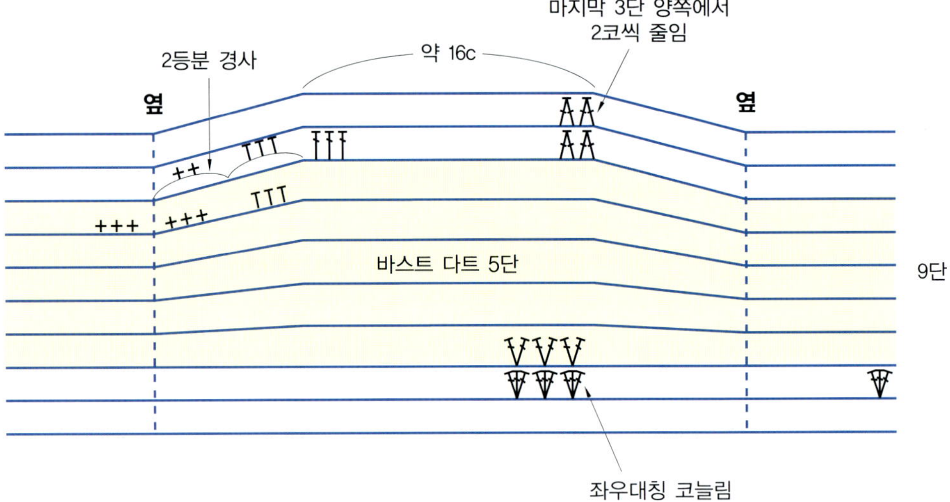
마지막 3단 양쪽에서
2코씩 줄임
약 16c
2등분 경사
옆
옆
바스트 다트 5단
9단
좌우대칭 코늘림

경사뜨기

리 본

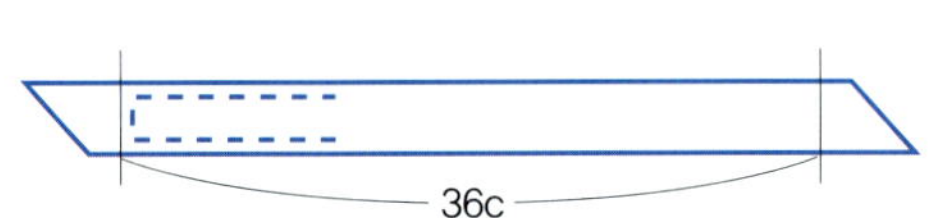
36c

어깨끈을 살짝 늘려 다림질한 뒤
리본을 안쪽에 박음질한다.
(늘어짐 방지)

▶▶ 스태플러로 찍어 시침한 후
사이드에 투명실로 박음질하면
편하다.(박음질은 겉에서)

어깨끈 위치

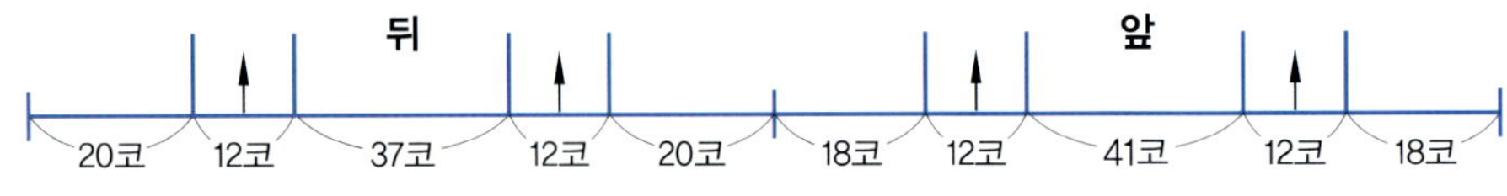
뒤
앞
20코
12코
37코
12코
20코
18코
12코
41코
12코
18코

남은 코 앞뒤로 분배해서 계산한다.

코바늘뜨기

코바늘 끝의 코에 실을 걸어 빼낸 루프를 한 코씩 떠 사슬을 만들어 바탕으로 한다. 레이스실을 사용하여 뜰 때 레이스뜨기라 하고, 털실을 사용하여 코바늘로 뜨는 것을 코바늘뜨기라 한다.

코바늘에는 한쪽만 코가 달린 것과 양쪽에 코가 달린 것이 있는데, 양쪽에 붙은 코의 굵기가 다른 것은 1개를 2종류의 바늘로 사용할 수 있어 편리하다. 대나무 · 뿔 · 금속제가 있고, 극세용 · 중세용 · 평태용 · 극태용으로 코의 크기와 굵기가 나누어져 호수가 명시되어 있어 실의 굵기와 맞출 수 있다. 호수는 코 부분의 굵기를 나타내는데, 1/0~8/0호까지 있으며 숫자가 클수록 굵다. 반대로 레이스 바늘은 0~12호까지 있는데, 숫자가 클수록 가늘다. 털실을 사용하는 경우 대바늘뜨기보다 약간 두껍고 신축성이 작다.

기법으로는 다음과 같은 것들이 있다.

① **왕복뜨기** : 사슬뜨기를 떠야 할 콧수대로 뜬 다음 겉과 안을 번갈아 1단씩 뜬다. 번갈아 뜨기 때문에 겉과 안의 구별이 없고, 떠 놓은 다음에도 말리지 않는다.

② **원주뜨기** : 사슬뜨기에 알맞은 시작코를 만든 다음 시작코에서 뽑아 뜨며, 고리를 만들어 원통 모양으로 빙빙 돌면서 같은 방향으로 떠 나가는 뜨개질법으로, 풀오버 · 모자 · 가방 등에 자유롭게 사용한다.

③ **원형뜨기** : 중심에서 뜨기 시작하여 한 바퀴 돌 때마다 사이사이에서 코를 늘리며 원으로 떠서 넓혀 가는 뜨개질법으로, 모자의 톱이나 가방 밑 등을 뜰 때 사용된다. 코바늘뜨기로는 응용 폭이 넓다. 코를 늘리는 요령에 따라 원 · 삼각형 · 사각형 · 육각형 · 팔각형 등으로 떠 나갈 수 있다.

코바늘뜨기에서는 바늘과 실 쥐는 법이 중요한데, 뜨고 있는 코에서 15cm 정도의 위치를 왼손의 새끼손가락에 걸고 무명지 · 가운뎃손가락의 안쪽을 꿰어 집게손가락의 바깥쪽으로 보낸 다음, 뜨고 있는 바탕을 가운뎃손가락과 엄지손가락으로 쥔다. 바늘은 코바늘의 끝에서 3~4cm 떨어진 곳에 오른손 집게손가락을 대고 반대쪽에 엄지를 대어 가볍게 쥔다. 가운뎃손가락은 바늘 끝 가까이에 가볍게 대고 조절하면서 뜬다.

코바늘뜨기는 특별한 경우를 제외하고는 사슬뜨기로 시작코를 만든다. 처음의 사슬뜨기를 고르고 균형 있게 해야 무늬가 고르고 예쁘게 만들어 진다. 코바늘뜨기의 게이지는 무늬 단위로 계산한다.

Kintting 06

아프간뜨기 재킷

1 2
3 4

1. 앞목 부분과 칼라
2. 뒷판 부분
3. 주머니와 단추
4. 팔 부분과 허리 부분

아프간뜨기 재킷

실 : 카사네 – 레드 230g,
그레이 230g
단추 : 20mm 14개
바늘 : 아프간뜨기 바늘 4호,
모사용 4호 코바늘
사이즈 : M(66)
게이지 : 23코 9단
작품 : 김난향(liberame)

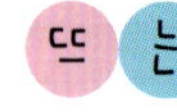

뜨는 방법

● 뒤판 뜨기

1 아프간 바늘로 사슬뜨기 105코를 만들어 그레이와 레드를 배색하면서 무늬뜨기를 합니다.

*밑단 사슬뜨기가 촘촘해지지 않도록 주의합니다.

2 전체 코를 3등분하여 중앙 2라인에 표시를 해 두고 양 옆과 중앙 다트 2라인 4군데서 3코씩을 줄임과 늘림을 합니다.

3 진동을 줄이고 어깨는 3등분 경사뜨기하고 뒷고대는 파지 않습니다.

● 앞판 뜨기

1 아프간 바늘로 사슬뜨기 58코를 만들어 뒤판과 같이 진행합니다.

2 10단을 뜨고 단춧구멍 간격(도안 참조)을 10개 내 줍니다. 단춧구멍은 아프간뜨기 3코를 뜨고 대바늘뜨기의 드라이브뜨기(감아뜨기)처럼 실을 바늘에 두 번 감아 진행하고 돌아올 때는 아프간뜨기의 ~~와 동일하게 2코를 빼냅니다.

3 허리 라인에서 11단을 뜨고 칼라 늘림을 하면서 바스트 다트 33코를 3등분하여 11코씩 경사뜨기를 합니다. 경사뜨기 후엔 계속 진행합니다. 앞단은 경사뜨기로 인하여 3단이 증가합니다.

4 진동을 줄이고 어깨 경사와 칼라 경사를 동시에 진행합니다. 칼라 경사뜨기는 어깨 경사뜨기 도안을 참고합니다.

● 소매 뜨기

1 14코로 시작한 5단과 42코로 시작한 5단을 따로 떠서 슬릿을 만들고 6단째부터는 전체 코로 진행합니다. 슬릿은 양쪽 소매를 좌우대칭으로 합니다.

2 양 사이드에서 코 늘림하면서 소매를 뜬 다음 소매산을 줄입니다.

● 마무리하기

1 아프간뜨기 모양이 잘 잡힐 수 있도록 상하좌우로 살짝 잡아당긴 다음 옷 형태를 잘 맞춰 가볍게 스팀 다림질을 합니다.

2 어깨는 앞뒤의 아프간 코에 꿰어 겉에서 감침질하고, 솔기는 대바늘뜨기의 솔기 잇기처럼 겉에서 잇습니다.

3 모사용 코바늘로 주머니 모양 두 개를 떠서 앞 몸판의 아래서 14cm

윗부분, 앞단에서 7cm 옆부분에 꿰매 주거나, 몸판에서 바로 떠서 양 옆만 고정시켜 줍니다.

4 소매는 몸판에 대바늘뜨기의 솔기 잇기처럼 겉에서 잇습니다.

5 앞단 왼쪽에 단추 10개를 달고 소매 슬릿 위에도 2개씩 나란히 달아 줍니다.

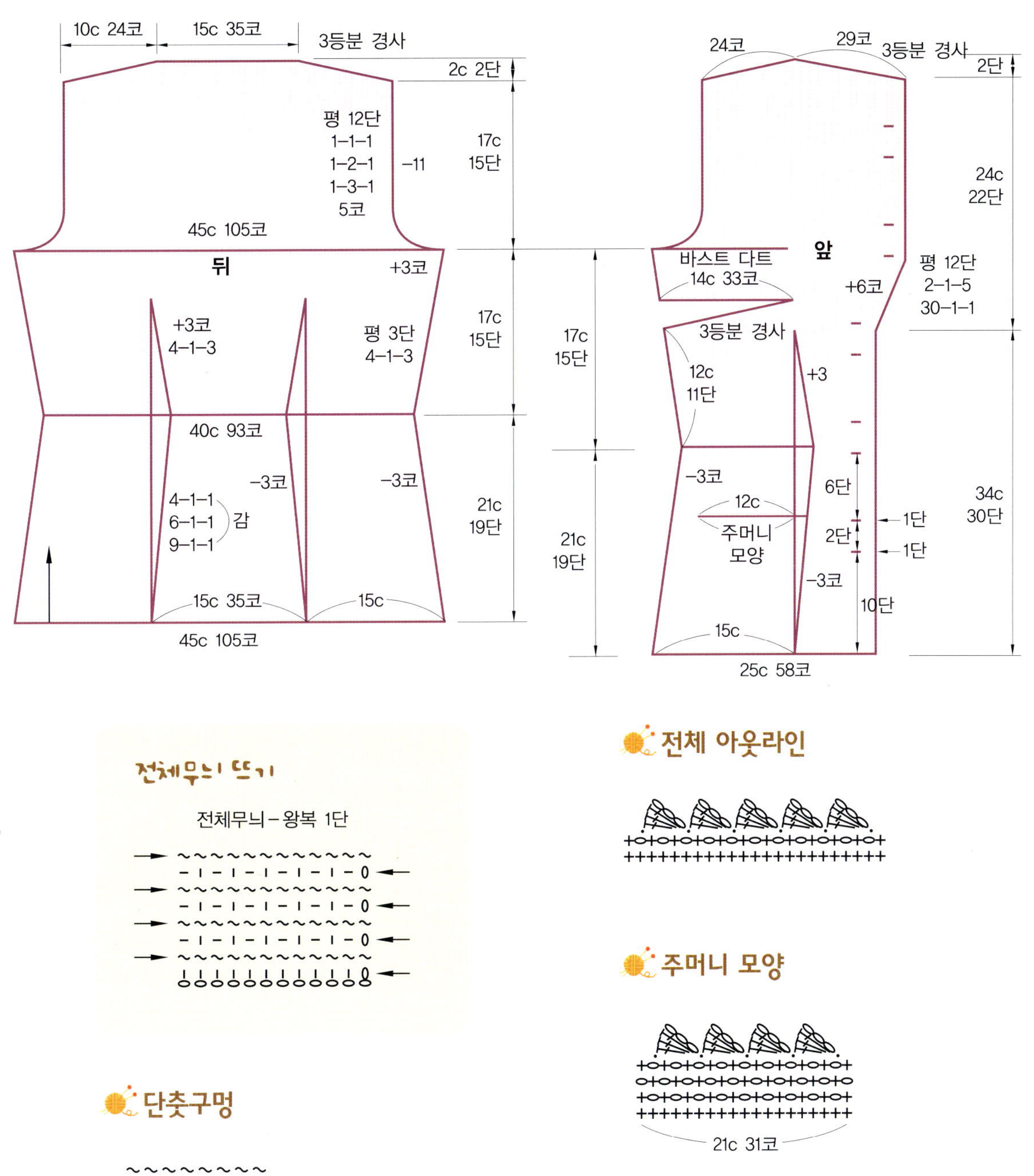

10c 24코
15c 35코
3등분 경사
2c 2단
평 12단
1-1-1
1-2-1
1-3-1
5코
-11
17c
15단
45c 105코
뒤
+3코
+3코
4-1-3
평 3단
4-1-3
40c 93코
-3코
-3코
4-1-1
6-1-1
9-1-1
감
21c
19단
15c 35코
15c
45c 105코
24코
29코
3등분 경사
2단
24c
22단
앞
바스트 다트
14c 33코
+6코
평 12단
2-1-5
30-1-1
3등분 경사
12c
11단
+3
17c
15단
-3코
12c
주머니
모양
6단
2단
1단
1단
-3코
10단
34c
30단
21c
19단
15c
25c 58코
전체무늬 뜨기
전체무늬 - 왕복 1단
전체 아웃라인
주머니 모양
21c 31코
단춧구멍

바늘에 실을 2회 감는다.

진동 줄이기

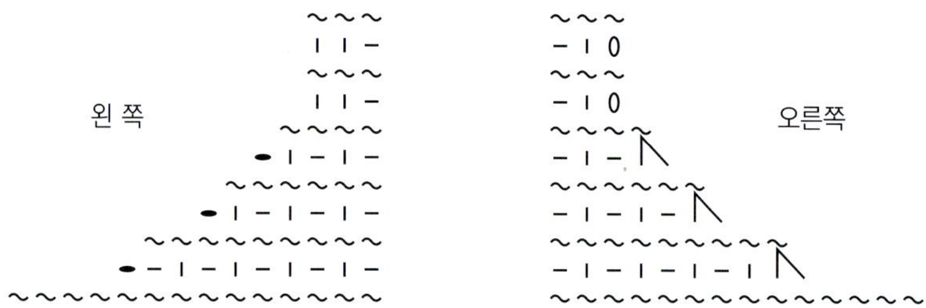
왼 쪽
오른쪽

어깨 경사뜨기

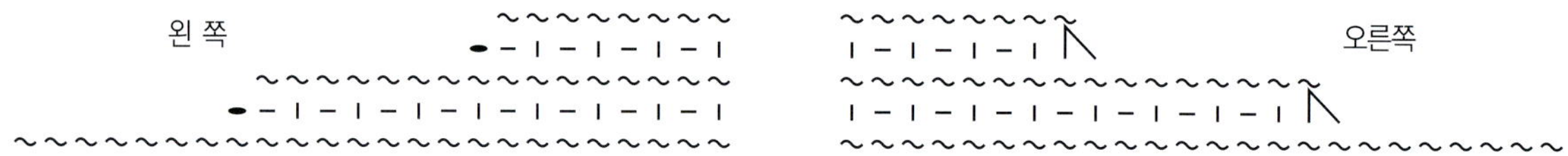
왼 쪽
오른쪽

바스트 다트 경사뜨기

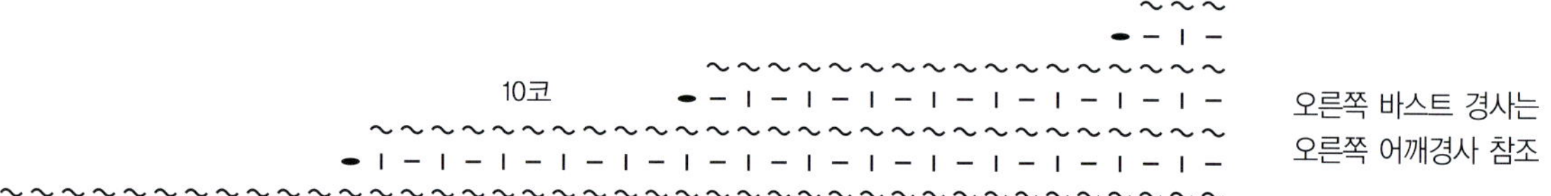
10코

오른쪽 바스트 경사는
오른쪽 어깨경사 참조

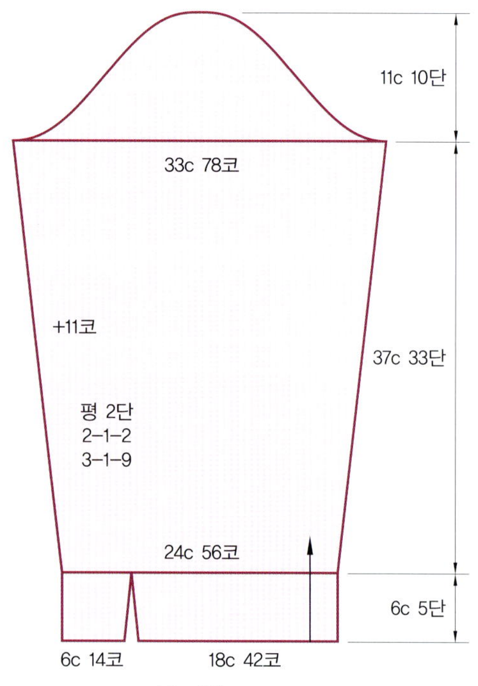
11c 10단
33c 78코
+11코
37c 33단
평 2단
2-1-2
3-1-9
24c 56코
6c 5단
6c 14코
18c 42코
좌우 대칭

소매산 뜨기

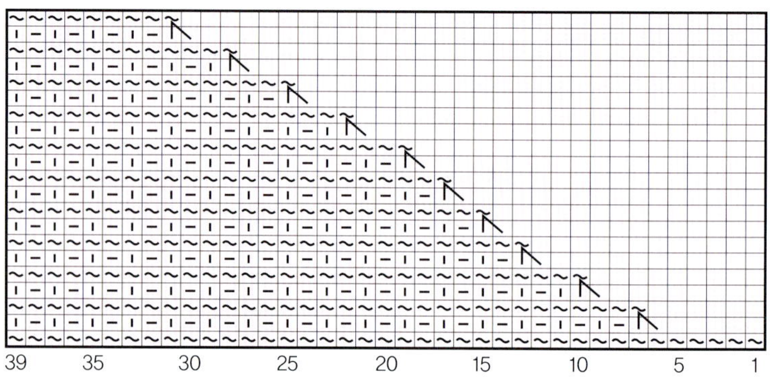
39
35
30
25
20
15
10
5
1

아프간 뜨기

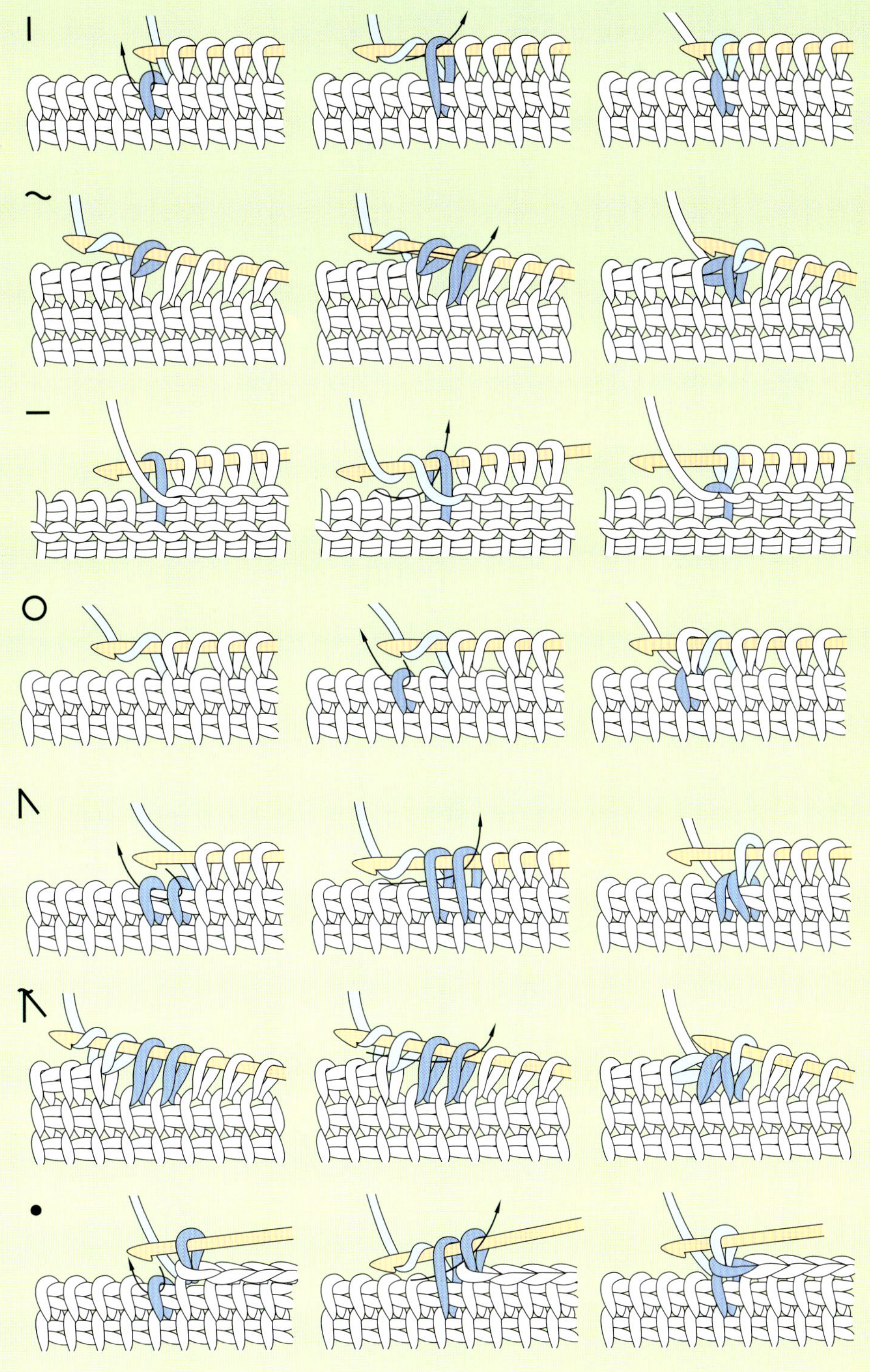

Kintting 07

아마릴리스 볼레로

1. 앞목 부분과 레이스
2. 허리 부분
3. 팔목 부분과 레이스
4. 전체 무늬와 뒷고대

아마릴리스 볼레로

실 : 아마릴리스 – 퍼플 440g
바늘 : 모사용 7호 코바늘
사이즈 : M(66)
게이지 : 1무늬
가로 3.3cm
세로 2cm

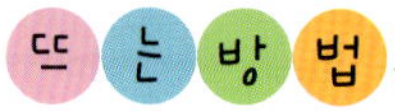
뜨는방법

1 허리를 중심으로 했을 때 위의 몸판을 먼저 진행합니다.
2 뒤판을 앞판보다 1세트단 더 높게 뜹니다.
3 몸판을 도안대로 완성하면 앞뒤 어깨를 감침질로 잇습니다.
4 그 다음 허리 아랫부분(밑단)을 진행하는데 앞단을 줄이면서 떠서 코 막음하여 마무리합니다.
5 소매는 무늬뜨기로 하단을 떠서 첫코에 빼뜨기로 연결해 원통뜨기로 두 장을 뜹니다.
6 몸판과 소매를 모양 잡아가며 스팀 다림질을 합니다.
7 소매에 레이스를 뜹니다.
8 몸판 아웃라인 전체에 레이스를 뜹니다.
9 소매와 몸판의 레이스 하나하나를 다림질하여 모양을 잡아 줍니다.
10 소매를 진동에 감침질하여 잇습니다. 감침질은 겉에서 해도 상관없습니다.

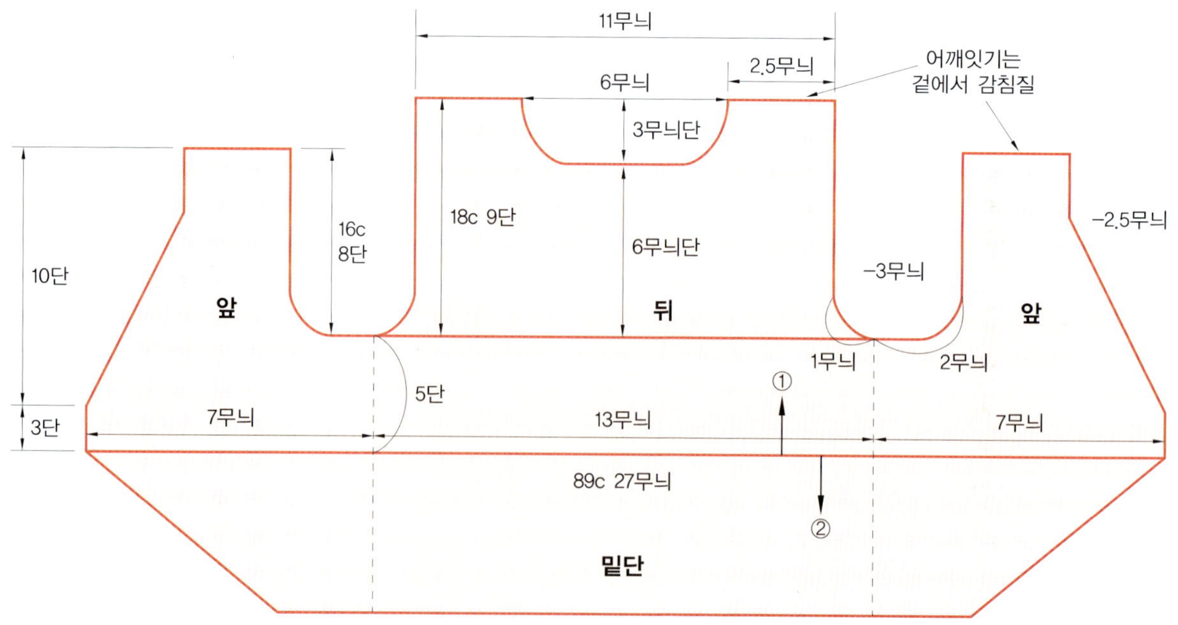
11무늬
2.5무늬
6무늬
어깨잇기는
겉에서 감침질
3무늬단
18c 9단
16c
8단
6무늬단
-2.5무늬
10단
-3무늬
앞
뒤
앞
1무늬
2무늬
5단
①
3단
7무늬
13무늬
7무늬
89c 27무늬
②
밑단

앞목 줄임

뒷고대 뜨기

진동 뜨기

밑단 및 레이스 뜨기

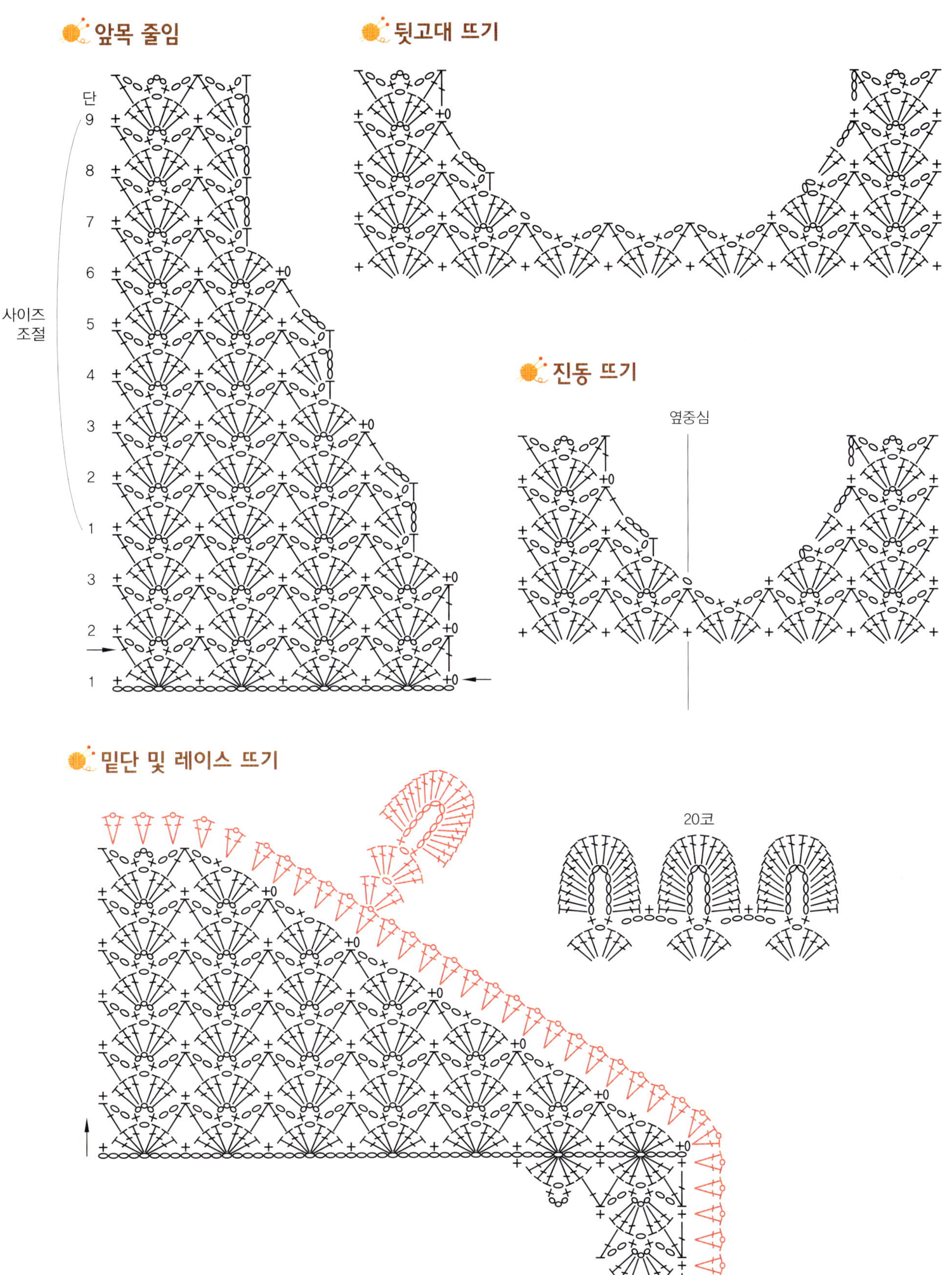

단
9
8
7
6
5
4
3
2
1
3
2
1
사이즈
조절
옆중심
20코

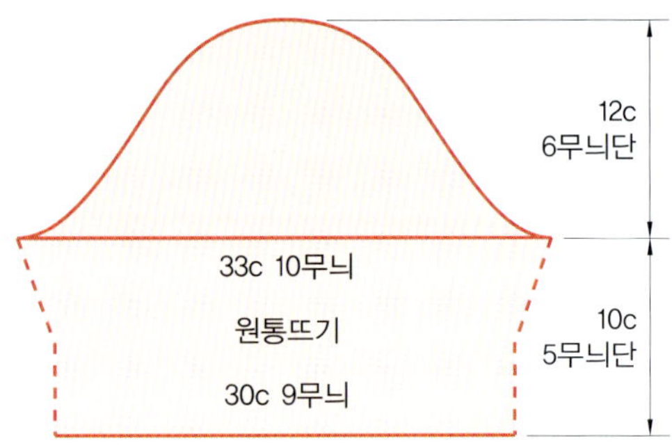
12c
6무늬단
33c 10무늬
원통뜨기
30c 9무늬
10c
5무늬단

전체 무늬

소매산 뜨기

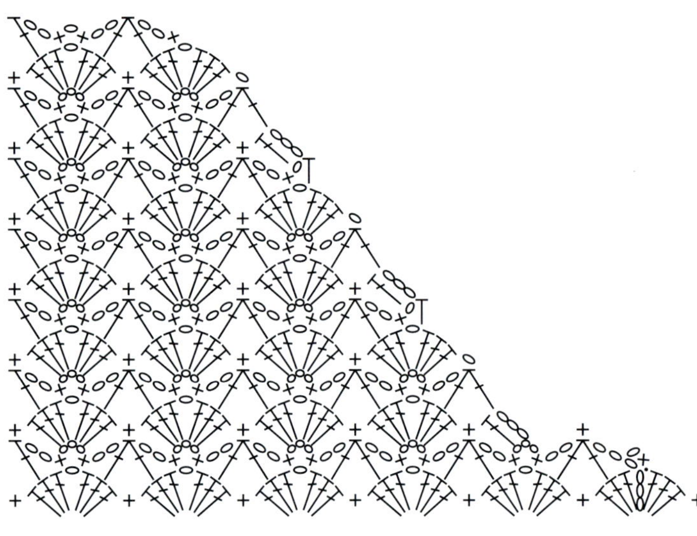

소매 늘림

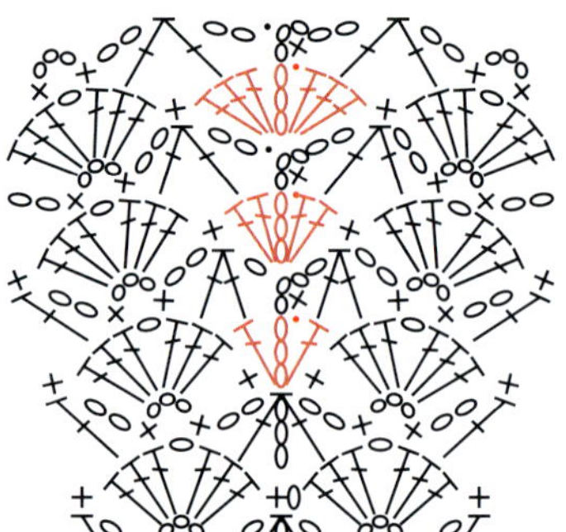

대바늘뜨기

대바늘뜨기에는 2개의 바늘로 왕복하여 뜨는 평편뜨기와 4개 이상의 바늘이나 둘레바늘을 이용하여 뜨는 윤편뜨기가 있다. 평편뜨기는 풀오버 · 카디건 · 슬랙스 등에 주로 이용되고, 윤편뜨기는 모자 · 장갑 · 양말 등 작은 작품에 이용된다.

바늘의 재료로 원래 대가 많이 쓰였으므로 대바늘이라고 하지만, 근래에는 플라스틱 · 금속 · 나무 등 여러 가지가 쓰인다.

대바늘뜨기의 특색은 탄력성과 신축성이 좋으며, 실을 걸고 끌어낼 때의 손의 동작에 따라 뜨임새의 차이가 생긴다. 그리고 기계에 걸 수 없는 굵은 실 또는 토막난 헌실 같은 것도 연결해가며 뜰 수 있어 재료의 효용과 손뜨기의 독특한 아름다움을 살릴 수 있다. 대바늘뜨기는 실과 바늘의 굵기의 조합에 따라 두께와 밀도를 조절할 수 있어 전체적인 감각을 자유롭게 변화시킬 수 있는 한편, 조합이 불완전하면 어색한 뜨임새가 된다. 따라서 사용하고자 하는 실의 굵기 · 꼬임새 · 형태의 특징에 따라 알맞은 굵기의 바늘을 선택해야 한다. 바늘은 0~20호까지로 굵기가 구분되어 있고, 점보바늘이라 하여 특별히 굵게 만든 것도 있다.

대바늘뜨기의 기본뜨기는 겉뜨기와 안뜨기가 있고, 이것을 차례로 1단씩 섞어 뜬 것을 가터뜨기라고 하며, 1~3코 정도 섞어 뜬 것을 고무뜨기라 한다. 대바늘뜨기의 원리는 단순하지만 그것을 활용한 무늬뜨기의 방법은 다양하며 널리 이용되고 있다.

즉 안뜨기와 겉뜨기 코의 배열 방법을 달리함으로써 바둑판 · 다이아몬드 · 가로줄 · 세로줄 · 사선 등의 형태를 섬세하게 또는 대범한 무늬로 표현할 수 있다. 코를 줄이고 늘이면서 구멍이 생기게 하되 구멍의 배열 방법에 변화를 주고, 코를 연결하는 방향에 변화를 주어 수없이 많은 비침무늬를 만들 수가 있다. 또 뜨는 도중 실을 바꾸어 다른 색을 배색하는 짜넣음무늬, 앞에서 뜬 단의 코를 끌어올려 함께 걸어 뜸으로써 만들어지는 끌어올림무늬, 코를 걸어 뜨면서 실이 걸쳐지게 하는 드레드 무늬 등 간단한 조작을 가함으로써 느낌이 전혀 다른 여러 가지 무늬를 만들 수가 있다.

대바늘뜨기의 원리를 그대로 살려 간편하고 빠르게 뜰 수 있도록 마련된 수편기가 있어 대바늘뜨기의 디자인을 작품화하기가 수월해졌다. 그러나 루프얀(loop yarn) · 냅얀(nap yarn) · 서머얀(summer yarn) 같은 특수한 형태의 실이나 특수하게 굵은 실 또는 리본 같은 것을 재료로 사용할 경우에는 수편기에는 걸리지 않으므로 대바늘뜨기가 그에 적합한 방법이 된다.

Kintting 08

미코노스 원피스

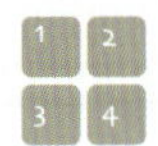

1. 하단 무늬
2. 앞단 무늬
3. 앞목 부분
4. 뒷판 전체 무늬와 소매, 뒷고대

미코노스 원피스

실 : 미코노스 – 그레이 380g, 레드 70g, 그린 70g
단추 : 25mm 7~8개
바늘 : 4mm, 4.5mm 대바늘, 모사용 6호 코바늘
사이즈 : M(66)
게이지 : 16코 26단
작품 : 김난향(liberame)

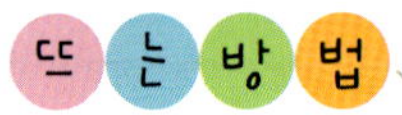
뜨
는
방
법

● 몸판 뜨기

1 사슬뜨기 163코를 뜬 다음 허리 조개무늬 27세트를 진행하면서 4단을 뜹니다.
2 허리 조개무늬에서 4.5mm 바늘로 132코를 주워 무늬뜨기를 합니다.(허리단 무늬 1개에서 약 5코씩 주움)
3 32단을 뜨고 33단째 진행하면서 우측과 좌측의 진동 코 막음 6코씩을 하고 왼쪽 앞판, 오른쪽 앞판, 뒤판 순으로 몸판을 완성합니다.
4 4mm 대바늘로 허리 조개무늬 아래에서 한 무늬에 8코씩 주워 무늬뜨기 40단을 뜹니다.
5 4.5mm 대바늘로 바꿔 계속 도안대로 진행하여 완성합니다.
6 옷 전체를 상하로 잡아당겨 드라이브뜨기의 웨이브 모양이 잡히게 한 다음 스팀 다림질을 합니다.

● 소매 뜨기

1 4.5mm 대바늘로 일반 코를 잡아 60단을 뜨고 좌우 3코씩 늘림한 다음 소매산은 몸판의 앞 · 뒤와 동일하게 줄입니다.
2 상하로 잡아당겨 드라이브뜨기의 웨이브 모양을 잡은 다음 스팀 다림질을 합니다.
3 옆 솔기는 소맷부리 8cm 위부터 이어 트임을 만듭니다.
4 소매를 몸판에 이어 줍니다.

● 아웃라인 – 코바늘 뜨기

1 몸판 밑단에 조개무늬 2단을 뜹니다.
2 앞단에 조개무늬 3단을 뜹니다.(평평하도록 무늬 수를 조절함)
3 네크라인에 늘어지지 않도록 주의하면서 짧은뜨기 2단과 조개무늬뜨기를 합니다.
4 소매단에 짧은뜨기 2단을 뜨고 슬릿부터 조개무늬뜨기를 떠서 마무리합니다.
5 왼쪽 앞단에 위부터 10cm 간격으로 7~8개의 단추를 답니다. 오른쪽 단춧구멍은 별도로 없으므로 단추와 같은 위치의 무늬 구멍에 끼웁니다.

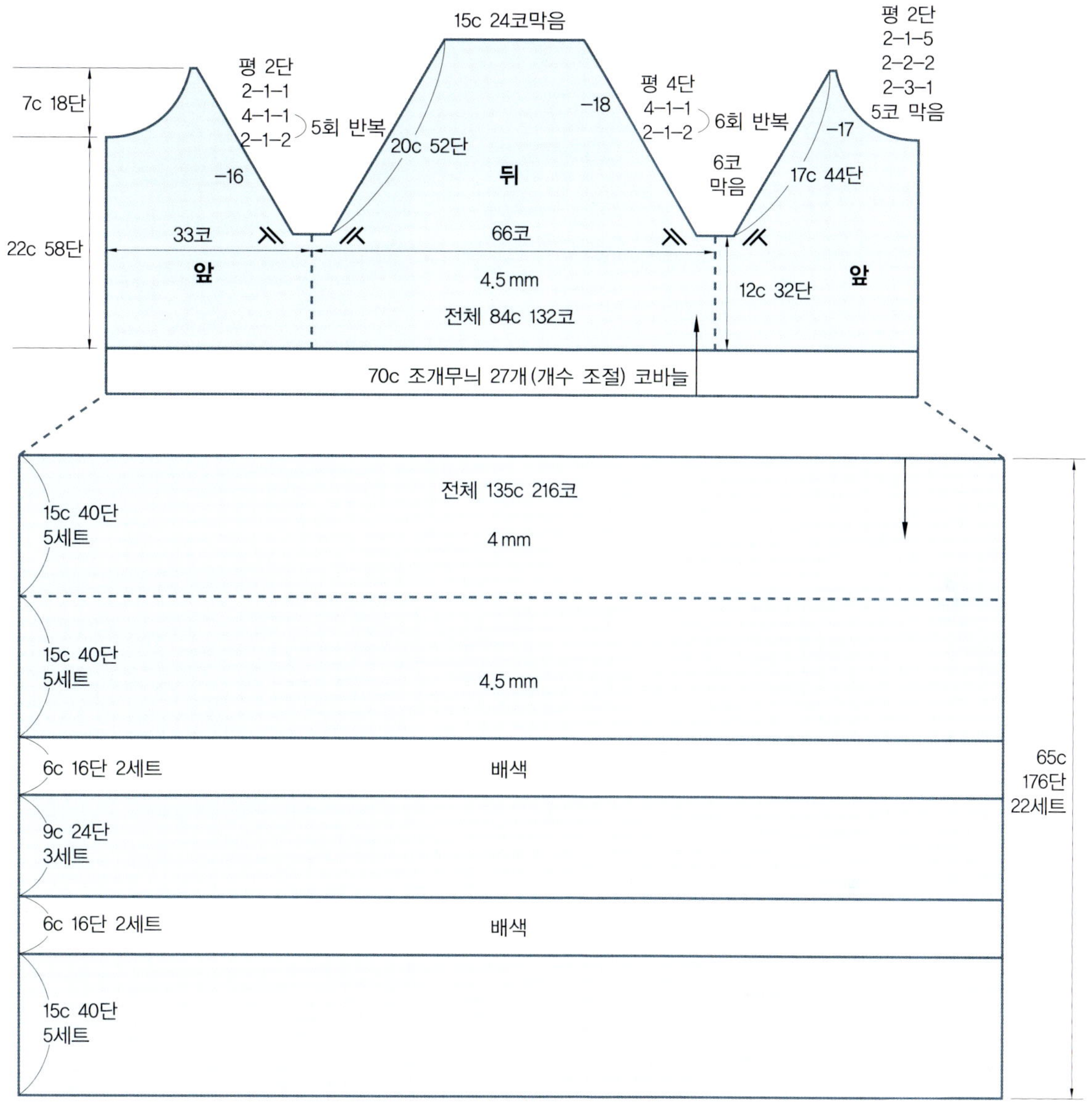

15c 24코막음

7c 18단

22c 58단

평 2단
2-1-1
4-1-1
2-1-2
5회 반복

-16

20c 52단

뒤

-18

평 4단
4-1-1
2-1-2
6회 반복

6코
막음

평 2단
2-1-5
2-2-2
2-3-1
5코 막음

-17

17c 44단

33코

66코

앞

4.5 mm

전체 84c 132코

12c 32단

앞

70c 조개무늬 27개(개수 조절) 코바늘

전체 135c 216코

15c 40단
5세트

4 mm

15c 40단
5세트

4.5 mm

6c 16단 2세트

배색

9c 24단
3세트

6c 16단 2세트

배색

15c 40단
5세트

65c
176단
22세트

전체 무늬

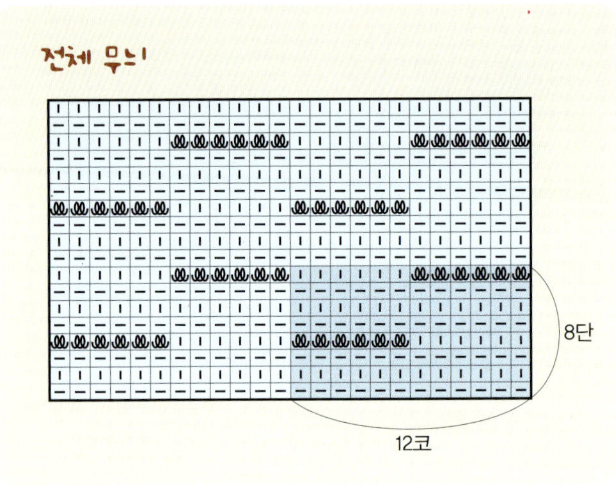
8단
12코

몸판 배색

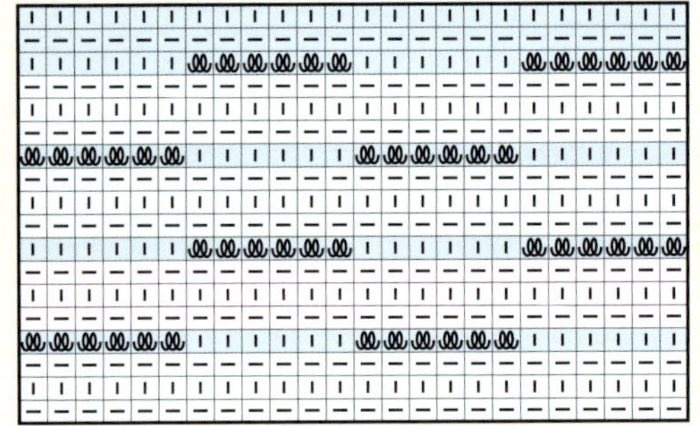

※ 배색 컬러 위치 자율

허리 무늬

6코

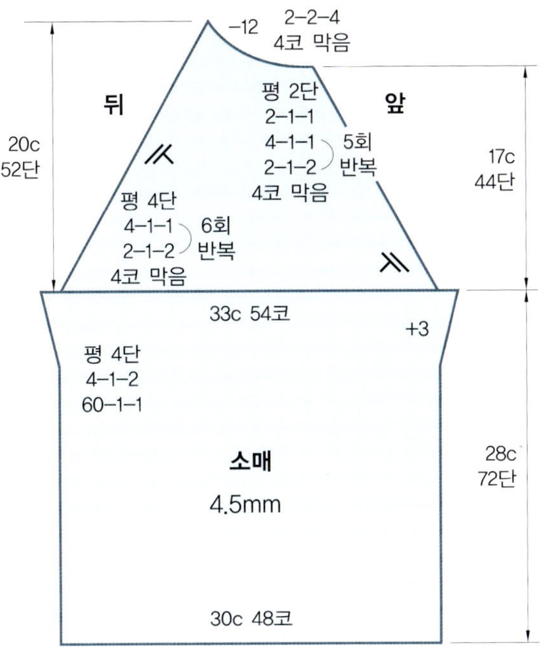
-12
2-2-4
4코 막음
뒤
앞
평 2단
2-1-1
4-1-1
2-1-2
5회
반복
4코 막음
20c
52단
17c
44단
평 4단
4-1-1
2-1-2
6회
반복
4코 막음
33c 54코
+3
평 4단
4-1-2
60-1-1
소매
4.5mm
28c
72단
30c 48코

앞단 뜨기

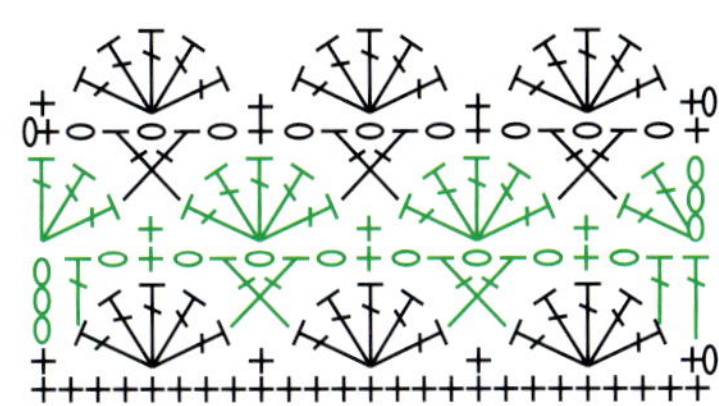

- 몸판 단수 기준 3코 뜨고 1단 건너기 배열로 174코 짧은뜨기 (밑단 레이스단 포함)
- 오른쪽 단춧구멍 별도 없음

소매 슬릿 만들기

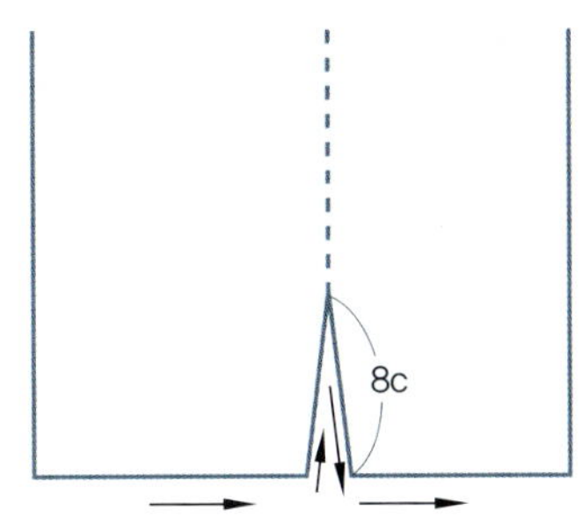
8c

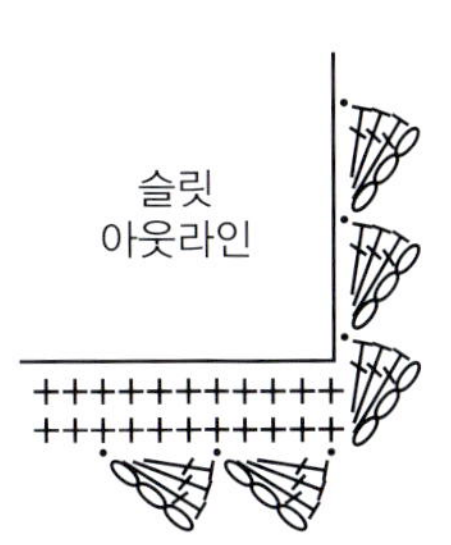
슬릿
아웃라인

밑단 뜨기

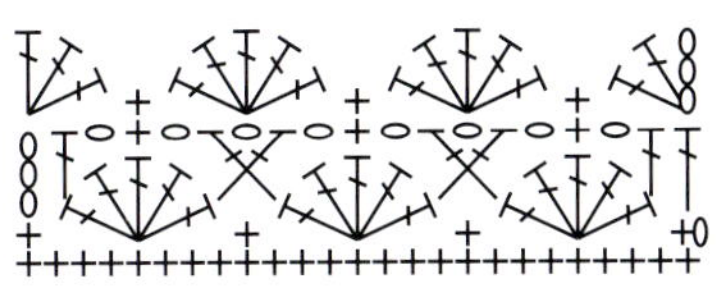

※ 몸판 무늬 코마다 짧은뜨기

목, 소매 밑단 뜨기

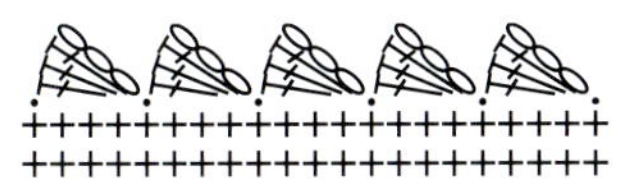

※ 소매는 코마다 짧은뜨기

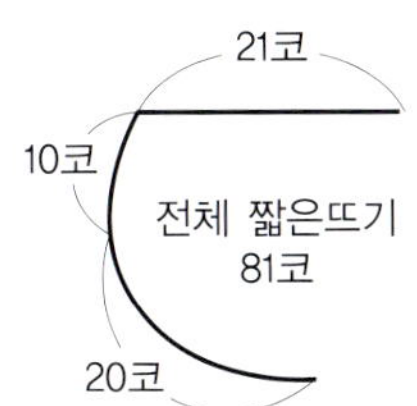
21코
10코
전체 짧은뜨기
81코
20코

Kintting 09

파인애플 코트

1 2
3 4

1. 앞목 부분과 레이스
2. 뒷판 무늬와 칼라
3. 하단 부분과 앞단 레이스
4. 소매 부분과 레이스

파인애플 코트

실 : 수빈골드 블루 500g, 알카이큐라메 그린 170g
바늘 : 모사용 6호 코바늘
사이즈 : M(66)
게이지 : 1무늬 5.6cm

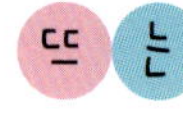

뜨는방법

몸판 뜨기

1 전체 무늬 수에 세트 무늬 11코를 곱하여 사슬뜨기합니다. 사슬뜨기는 셀 필요없이 넉넉히 하여 무늬를 배열하고 남는 코는 잘라내면 됩니다.

2 도안의 다트 위치(61쪽)를 참조하여 허리선까지 다트를 줄이고 다시 늘립니다. 다트의 줄임과 늘림 방법(62쪽)은 따로 그려져 있습니다.

3 진동 위치에서 앞목과 진동을 줄임하여 몸판을 완성하고, 어깨는 겉에서 감침질로 이어 줍니다.

4 몸판을 스팀 다림질하여 모양을 잡아 줍니다.

5 왼쪽 앞단부터 시작해서 밑단을 돌아 오른쪽 앞단까지 레이스를 떠 줍니다.

6 앞목에서부터 짧은뜨기 1단을 떠서 늘어지지 않도록 한 다음 칼라 레이스를 완성합니다.

7 앞단, 밑단 레이스와 칼라를 모양 잡아 스팀 다림질합니다.

8 앞단의 안쪽 선에 피코뜨기로 떠서 늘어짐 방지 겸 모양을 내 줍니다.

소매 뜨기

1 소매는 무늬수를 배열하고 첫 코에 빼뜨기하여 원통을 만든 다음 코 늘림하면서 진행합니다.

2 소매가 완성되면 소매단 레이스를 뜬 다음 스팀 다림질을 하여 모양을 잡아 줍니다.

3 소매 달기는 겉에서 피코뜨기로 이어 줍니다.

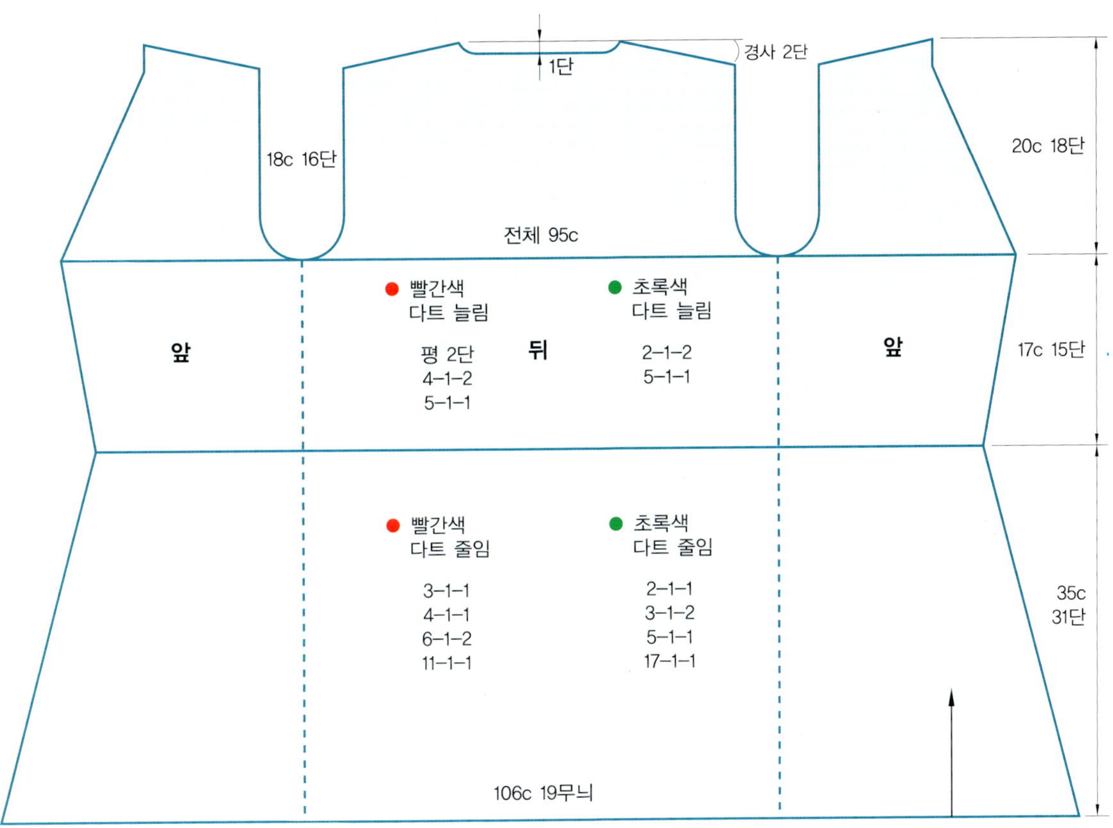
경사 2단
1단
18c 16단
20c 18단
전체 95c
빨간색
다트 늘림
평 2단
4-1-2
5-1-1
초록색
다트 늘림
2-1-2
5-1-1
앞
뒤
앞
17c 15단
빨간색
다트 줄임
3-1-1
4-1-1
6-1-2
11-1-1
초록색
다트 줄임
2-1-1
3-1-2
5-1-1
17-1-1
35c
31단
106c 19무늬

다트 위치

옆선
옆선

전체 무늬

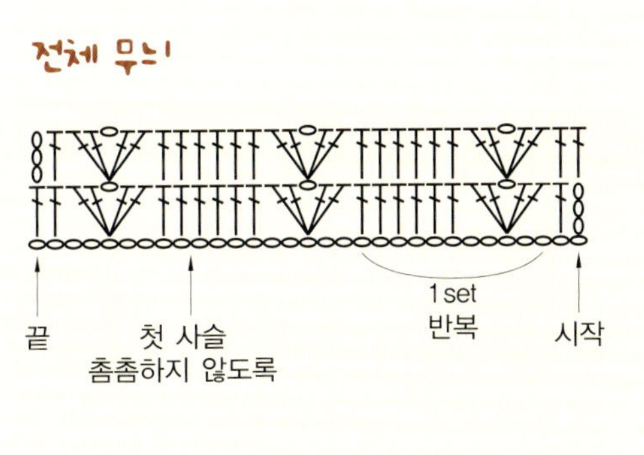
끝
첫 사슬
촘촘하지 않도록
1 set
반복
시작

진동 뜨기

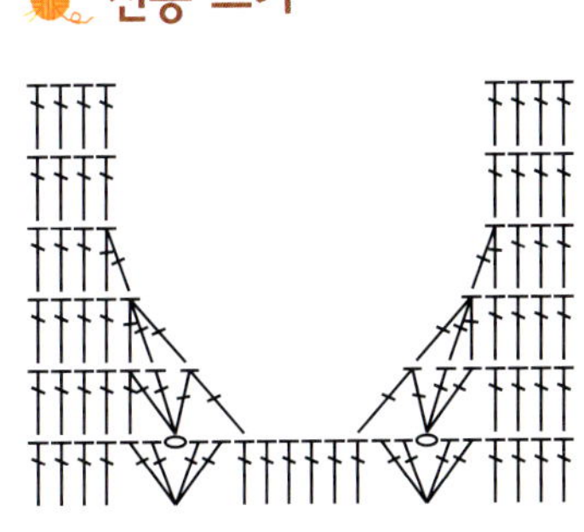

뒤고대 뜨기

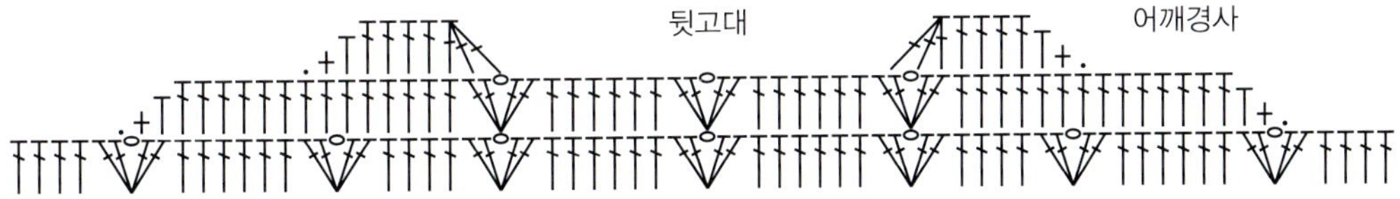
뒷고대
어깨경사

다트의 줄임과 늘림

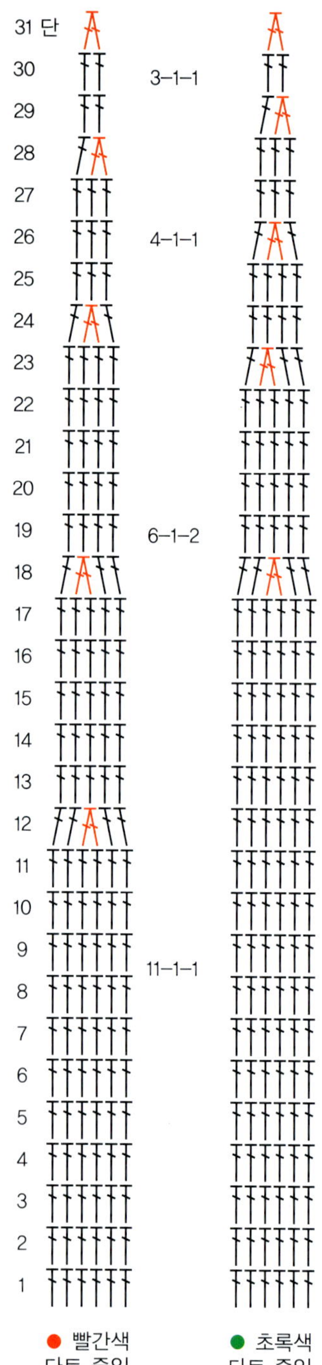

31 단
30
29
28
27
26
25
24
23
22
21
20
19
18
17
16
15
14
13
12
11
10
9
8
7
6
5
4
3
2
1
3–1–1
4–1–1
6–1–2
11–1–1

● 빨간색
다트 줄임

● 초록색
다트 줄임

● 빨간색
다트 늘림

● 초록색
다트 늘림

앞목 줄이기

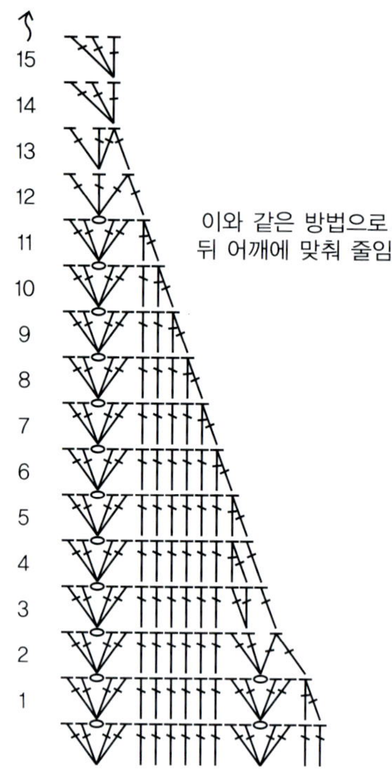

15
14
13
12
11
10
9
8
7
6
5
4
3
2
1
이와 같은 방법으로
뒤 어깨에 맞춰 줄임

※ 피코뜨기

(1) 사슬뜨기 3코

(2) 1번 코에 짧은뜨기

(3) 다음 칸에 빼뜨기

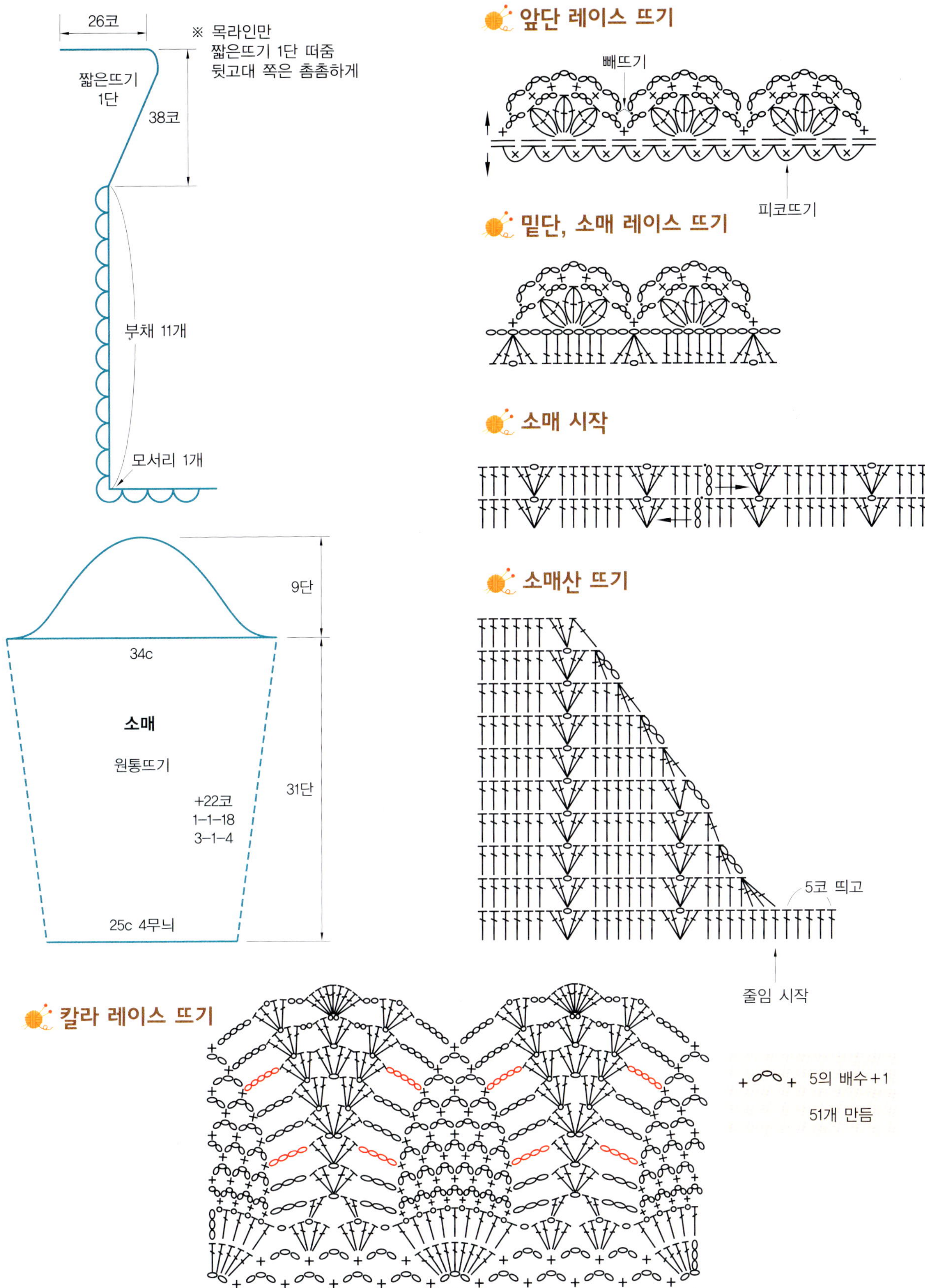
26코
※ 목라인만
짧은뜨기 1단 떠줌
뒷고대 쪽은 촘촘하게
짧은뜨기
1단
38코
부채 11개
모서리 1개
9단
34c
소매
원통뜨기
+22코
1-1-18
3-1-4
31단
25c 4무늬
앞단 레이스 뜨기
빼뜨기
피코뜨기
밑단, 소매 레이스 뜨기
소매 시작
소매산 뜨기
5코 띄고
줄임 시작
칼라 레이스 뜨기
5의 배수+1
51개 만듬

Kintting 10

목련 카디건

1
2
3
4

1. 앞단과 단추, 주머니
2. 소매 부분
3. 앞목 부분
4. 뒷판의 전체 무늬

목련 카디건

실 : 행프코튼 2겹, 베이지핑크 620g
단추 : 25mm 5개
바늘 : 5mm, 6mm 대바늘
사이즈 : M(66)
게이지 : 16코 18단

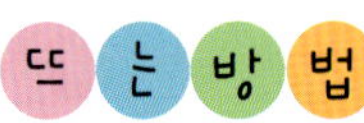

뜨
는
방
법

몸판 뜨기

1 5mm 바늘로 2코 고무뜨기 13단을 뜨고 돌아오는 14단째 안뜨기만 하면서 코 줄임을 하여 몸판 무늬뜨기코를 만듭니다.

2 6mm 바늘로 바꿔 무늬뜨기(옆선에 꽈배기 2라인 있음) 22단을 뜨고 앞단에서 14코를 뜨고 주머니 20코를 내 줍니다.

*몸판 실을 끊고 풀어낼 다른 실로 20코를 메리야스뜨기합니다. 그 다음부터는 몸판 실로 계속 진행합니다.

3 무늬뜨기 72단을 뜨고 옆선 꽈배기 사이에서 시접 1코를 늘려 코 막음 없이 앞판과 뒤판으로 나누어 도안대로 계속 떠서 몸판을 마무리합니다.

4 몸판을 스팀 다림질하고 어깨를 잇습니다.

5 앞단 2코 고무뜨기 8단을 뜨면서 시작코는 뜨지 않으며 우측 앞단에 단춧구멍을 냅니다.

6 칼라도 앞단과 같이 2코 고무뜨기하되 시작코를 뜨지 않으며 14단을 뜹니다.

*모두 2코 고무뜨기로 마무리합니다.(앞단과 주머니는 반듯하게 모양 잡아 스팀 다림질을 합니다.)

소매 뜨기

1 소매는 진동 겨드랑이에서부터 바로 코를 주워 뜹니다. 처음 몇 단은 바늘 하나로는 뜨기 힘드므로 두 개를 사용하면 용이합니다.

2 위 고무단은 스팀 다림질하지 않고 무늬뜨기 부분만 스팀 다림질한 다음 소매고무단을 뜹니다.

3 고리를 떠서 스팀 다림질하고 소매 솔기를 꿰매기 전에 고리는 접었을 때 소매 겉에서 겉뜨기가 보이도록 소매 안에서 고정하고 소매 겉 같은 위치에 단추를 달아 줍니다.(어깨선에서 앞쪽으로 3번째 고무단 겉뜨기 아래 끝부분)

4 고리를 접어 단추에 꿰어 줍니다. 단추를 풀면 8부 소매가 됩니다.

칼라

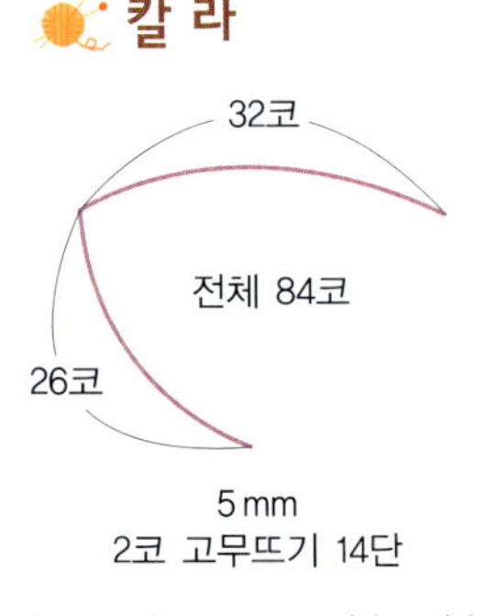

32코
전체 84코
26코
5mm
2코 고무뜨기 14단

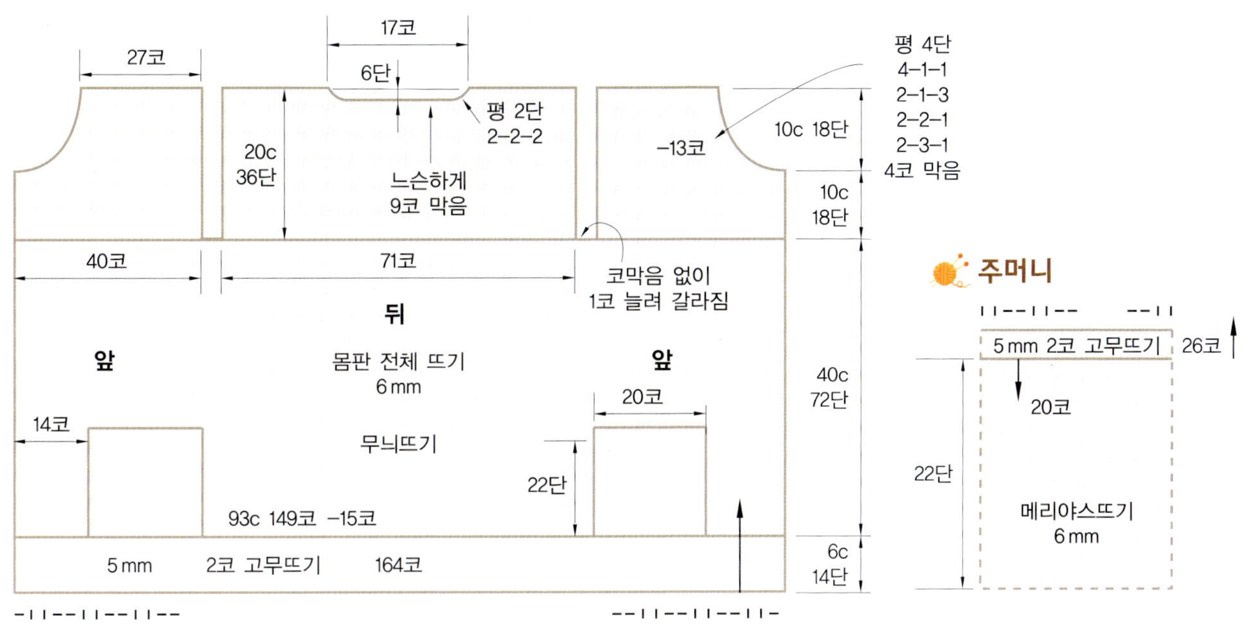

17코
27코
6단
평 2단
2-2-2
20c
36단
느슨하게
9코 막음
-13코
10c 18단
평 4단
4-1-1
2-1-3
2-2-1
2-3-1
4코 막음
10c
18단
40코
71코
코막음 없이
1코 늘려 갈라짐
뒤
앞
몸판 전체 뜨기
6 mm
앞
20코
14코
무늬뜨기
22단
93c 149코 -15코
40c
72단
5 mm
2코 고무뜨기
164코
6c
14단
주머니
5 mm 2코 고무뜨기
26코
20코
22단
메리야스뜨기
6 mm

5 mm 2코 고무뜨기 66코 -1코
8단
소매
6 mm 무늬뜨기
48단
67코 -7
6 mm 2코 고무뜨기
74코
18단

앞단 뜨기

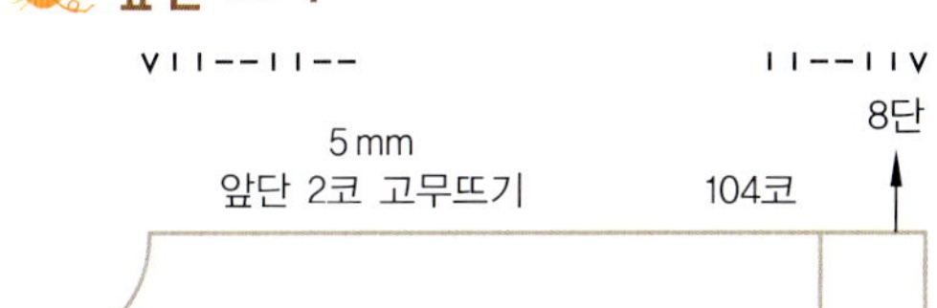

8단
5 mm
앞단 2코 고무뜨기
104코
앞단

무늬 배열과 진동 라인

진동 갈라질 때 시접 1코 늘림

전체 무늬

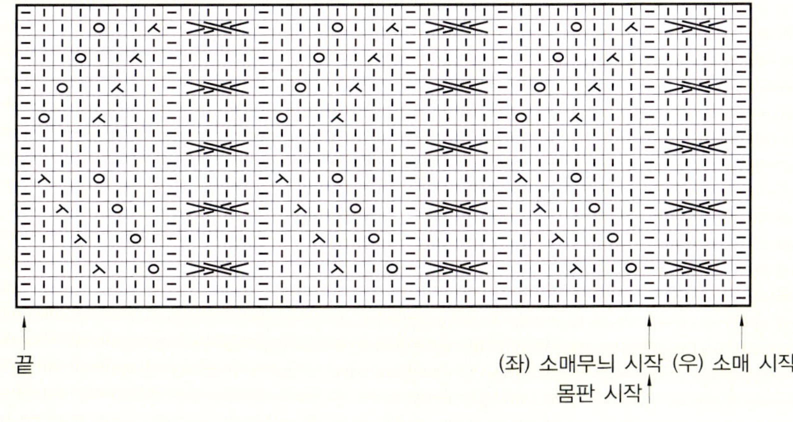

끝
(좌) 소매무늬 시작
몸판 시작
(우) 소매 시작

소매 고리

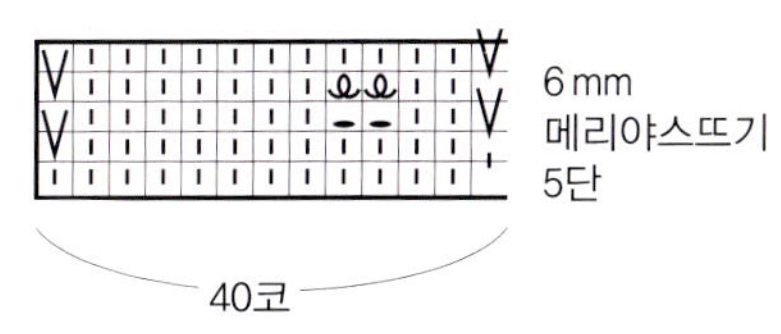

6 mm
메리야스뜨기
5단
40코

단춧구멍

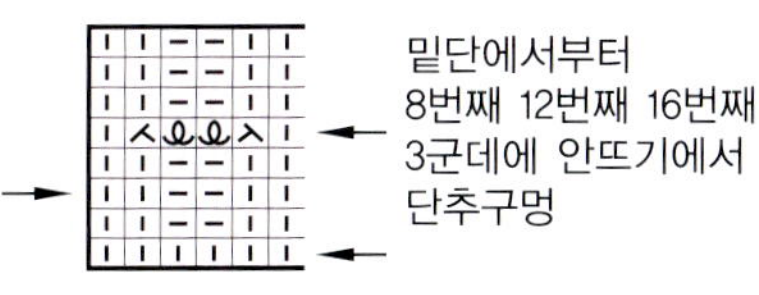

밑단에서부터
8번째 12번째 16번째
3군데에 안뜨기에서
단추구멍

Knit for fall & winter

가을 · 겨울용 패션 니트

Knit for fall & winter

Part2

Kintting 01

맨드라미 풀오버

1
2
3
4

1. 앞목 부분과 마무리
2. 전체 무늬
3. 밑단 부분
4. 소매 부분

VILLAGE

맨드라미 풀오버

실 : 샤인 - 핑크 300g, 옐로우 220g, 초코 90g
바늘 : 4mm, 4.5mm 대바늘, 모사용 6호 코바늘
사이즈 : M(66)
게이지 : 45mm 기준, 22.5코 25단
작품 : 송영란(별빛)

● **몸판 뜨기**

1 4mm와 4.5mm 대바늘 2개를 쥐고 코를 잡습니다.

2 4mm 대바늘을 빼고 뜨기 시작합니다.

3 몸판 시작은 줄여야 할 콧수를 더해 한 세트 무늬 사이마다 줄여 없어지는 코 겉뜨기 6코씩을 추가합니다. 양 사이드는 앞 뒤를 이어야 하므로 시접코 외에 3코씩을 추가합니다.

4 코를 줄일 때는 중앙을 중심으로 좌우 줄임 방향을 통일합니다. 왼쪽은 (⋌) 오른쪽은 (⋋), 사이드는 3코만 줄여지므로 34-1-2, 32-1-1로 줄임하고, 중앙은 18-1-2, 16-1-4로 줄임하고 진동까지 평 12단을 뜹니다.

*몸판 시작부터 80단까지는 4.5mm 바늘, 그 다음은 모두 4mm 바늘로 뜹니다.

5 진동 줄임 시 반무늬 가량이 줄어 진동라인에 반무늬가 남습니다.

*구멍무늬의 한 세트는 O(늘림)와 ⋏(줄임)의 개수가 동일해야 합니다. 세트로 무늬가 만들어지지 않을 때는 겉뜨기로 진행합니다.

6 뒷고대는 2-2-2, 평 4단으로 라운딩하고, 앞목은 코 막음하여 수직으로 올라갑니다.

*길이를 길게 하려면 시작코에서 길어지는 단만큼 평뜨기하고 그 다음부터 도안대로 줄입니다.

● **소매 뜨기**

1 코 잡기는 몸판과 동일하게 합니다.

2 가감없이 평뜨기하면서 62단까지는 4.5mm 바늘로 뜨고 그 이후는 4mm 바늘로 뜹니다. 소매를 길게 하려면 한 세트 무늬를 더 추가하면 됩니다.(4.5mm 바늘, 82단)

3 소매산을 줄임하면서 소매를 완성합니다.

● **마무리하기**

1 밑단은 손으로 둥근 모양이 잘 나오도록 펴서 다림질하고, 몸판과 소매는 무늬를 살려 다림질합니다. 상하로는 약간 힘을 주어 늘리면서 다려 줍니다.

2 어깨와 솔기를 잇고 소매를 달 때는 가급적 몸판의 무늬와 맞추어 연결되도록 합니다.

3 네크라인은 초코색으로 짧은뜨기 1단을 뜨고 피코뜨기를 합니다. 짧은뜨기할 때 목선이 늘어지거나 울지 않도록 콧수 조절을 잘해야 합니다.

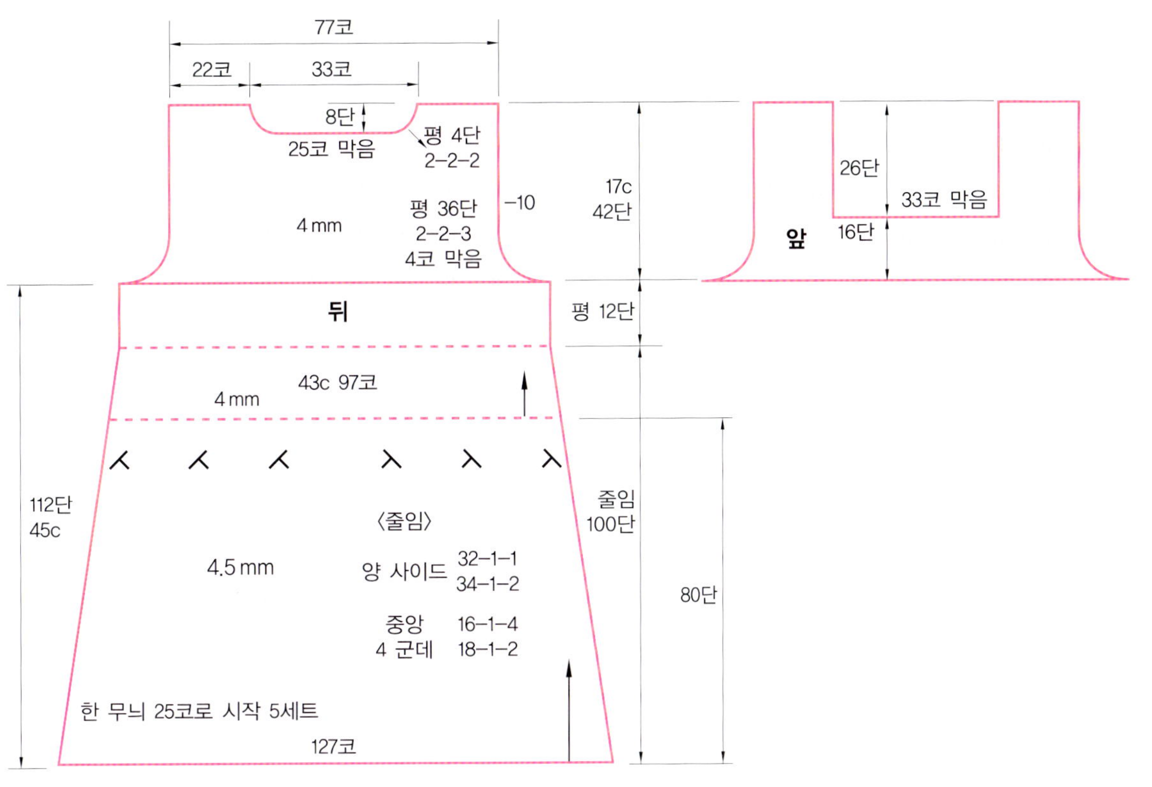

77코
22코
33코
8단
25코 막음
평 4단
2-2-2
4 mm
평 36단
2-2-3
4코 막음
-10
17c
42단
26단
33코 막음
앞
16단
뒤
평 12단
43c 97코
4 mm
112단
45c
〈줄임〉
줄임
100단
4.5 mm
양 사이드 32-1-1
34-1-2
중앙 16-1-4
4 군데 18-1-2
80단
한 무늬 25코로 시작 5세트
127코

무늬뜨기

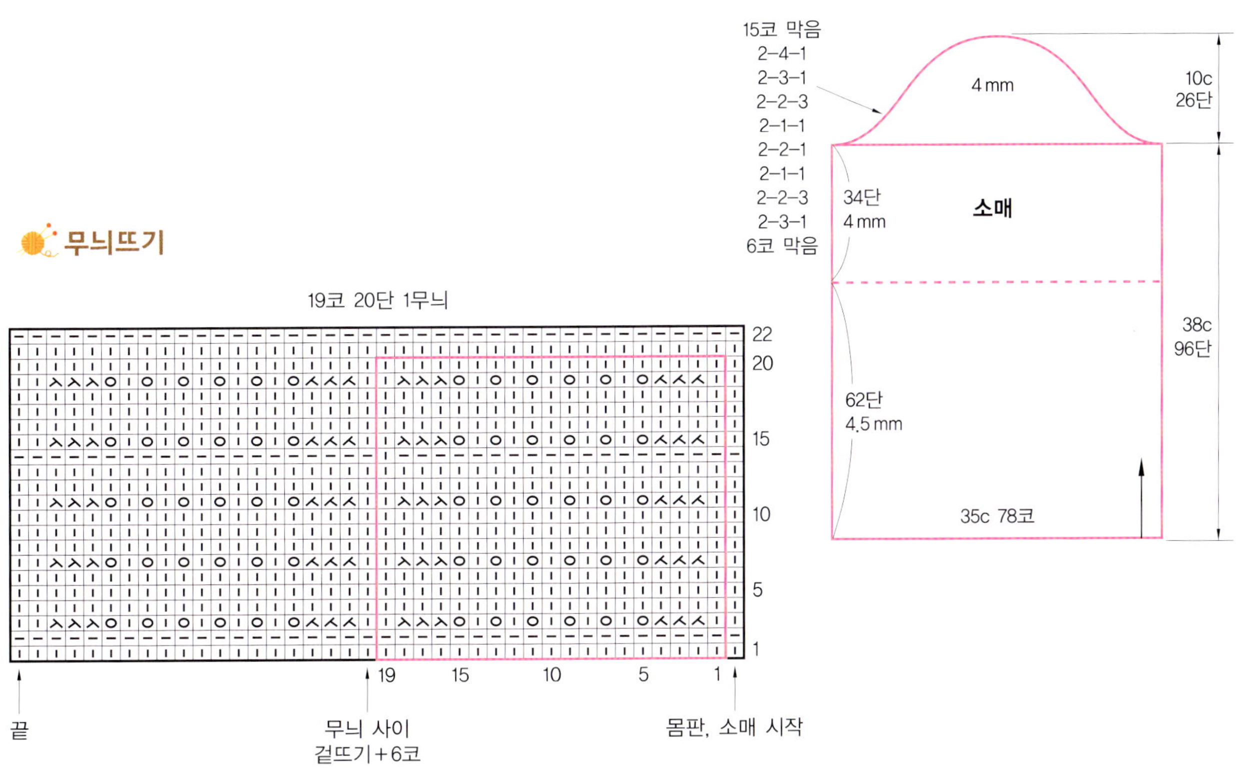

15코 막음
2-4-1
2-3-1
2-2-3
2-1-1
2-2-1
2-1-1
2-2-3
2-3-1
6코 막음
4 mm
10c
26단
34단
4 mm
소매
38c
96단
62단
4.5 mm
35c 78코
19코 20단 1무늬
22
20
15
10
5
1
19
15
10
5
1
끝
무늬 사이
겉뜨기+6코
몸판, 소매 시작

Kintting 02

유기농필드 풀오버

1. 앞목 부분과 어깨
2. 앞단과 단추 위치
3. 소매 부분과 마무리
4. 뒤판 전체 무늬

유기농필드 카디건

실 : 유기농필드 – 블루 360g, 화이트 40g
단추 : 30mm 2개
바늘 : 4.5mm 대바늘, 모사용 5호 코바늘
사이즈 : M(66)
게이지 : A무늬 24코 30단, B무늬 22코 30단

● 몸판 뜨기

1 일반코 잡기로 몸판 전체 사이즈에 맞는 코를 잡습니다.

2 돌아오는 2단째에 무늬를 배열합니다.

3 무늬뜨기하면서 무늬 사이마다 코 줄임과 코 늘림을 합니다. 51단에서 원래 코 수가 됩니다.

＊16단 뜨고 17단째에서 1코 줄임, 27단째에서 1코 줄임, 41단째에서 1코 늘림, 51단째에서 1코 늘림을 합니다.

4 52단을 뜨고 앞과 뒤를 분할하여 옆선에 표시해 둡니다.

5 53단째부터 앞목 줄임이 들어갑니다.

6 76단을 뜨고 진동을 팝니다. 중앙 8코 막음하고 앞뒤로 라운딩합니다.

7 뒷고대 라운딩을 하면서 어깨 콧수를 4등분하여 경사뜨기합니다. 뒷고대 라인이 어깨 경사 라인보다 아래에 있으므로 뒷고대 중앙을 먼저 코 막음하고 다음 단부터 어깨 경사뜨기하면 됩니다.

8 스팀 다림질을 하고 어깨를 잇습니다.

9 전체 아웃라인에 짧은뜨기 1단을 뜨고 밑단부터 C무늬를 뜹니다. 짧은뜨기 배열은 7코가 1세트이지만 울거나 오그라들면 콧수 배열을 조절합니다.(도안의 빨간색은 흰색실임)

10 앞단에 C무늬를 뜹니다. 짧은뜨기 배열은 6코가 1세트입니다.

＊앞단의 모서리 부분은 짧은뜨기 4코를 1세트로 하여 2무늬를 뜹니다.

11 밑단과 앞단 전체를 돌아 C무늬를 뜹니다. 사슬뜨기 3코, 한길긴뜨기 3코를 뜨고 다음 칸으로 이동해 빼뜨기를 계속 반복해서 뜹니다. 콧수가 많다고 생각되면 한길긴뜨기 2코만 뜹니다.

12 C무늬가 시작되는 짧은뜨기 라인에 흰색으로 피코뜨기를 합니다. 조개 1개에 피코뜨기 2개가 나오는 배열입니다.

13 아웃라인의 틀을 잡아 스팀 다림질을 합니다.

● 소매 뜨기

1 일반코를 잡아 30단까지 A무늬를 뜨고 B무늬부터 코 늘림을 합니다.

2 스팀 다림질을 하고 솔기를 이어 줍니다.

3 소맷부리에 짧은뜨기 1단을 뜨고 C무늬를 10세트 뜹니다.

4 C무늬를 뜨고 몸판과 같이 짧은뜨기 라인에 피코뜨기를 합니다.

5 아웃라인에 스팀 다림질을 하고 몸판에 소매를 달아 줍니다.

▶ 앞단 줄임할 때 벌집무늬(4코꽈배기 라인)를 살려 안뜨기 라인에서 줄이세요.(시접 1코, 4코 무늬 라인 총 5코를 뜨고 다음 안뜨기에서 줄임)

＊57단째에 들어가는 앞단 쪽 무늬부터 벌집무늬로 만들어 주어야 라인이 자연스럽습니다.

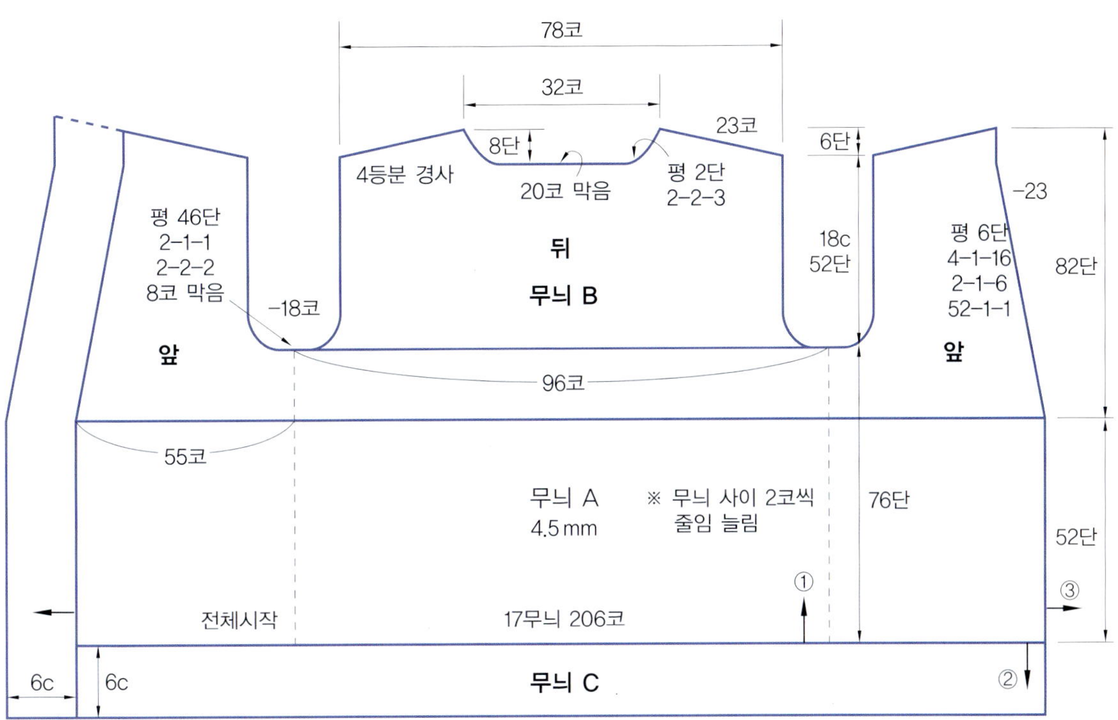

78코
32코
8단
23코
6단
4등분 경사
20코 막음
평 2단
2-2-3
평 46단
2-1-1
2-2-2
8코 막음
-18코
뒤
무늬 B
18c
52단
평 6단
4-1-16
2-1-6
52-1-1
-23
82단
앞
96코
앞
55코
무늬 A
4.5 mm
※ 무늬 사이 2코씩
줄임 늘림
76단
52단
①
③
전체시작
17무늬 206코
6c
6c
무늬 C
②

※ 피코뜨기

(1) 사슬뜨기 3코

(2) 1번 코에 짧은뜨기

(3) 적당히 칸 건너 빼뜨기

무늬C 짧은뜨기 배열

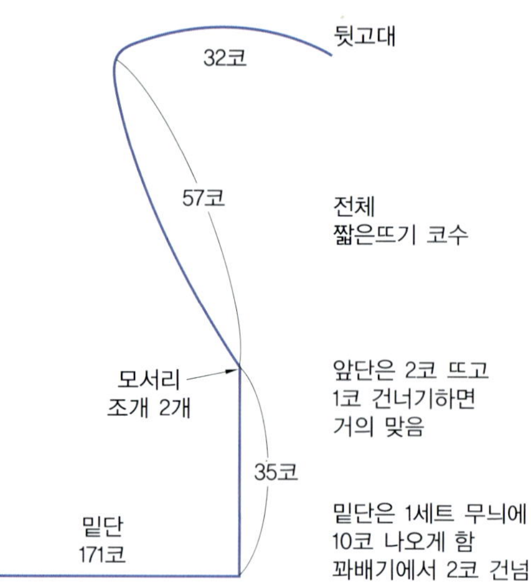

뒷고대
32코
57코
전체
짧은뜨기 코수
모서리
조개 2개
앞단은 2코 뜨고
1코 건너기하면
거의 맞음
35코
밑단
171코
밑단은 1세트 무늬에
10코 나오게 함
꽈배기에서 2코 건넘

앞단, 소매, 뒷고대 C무늬뜨기

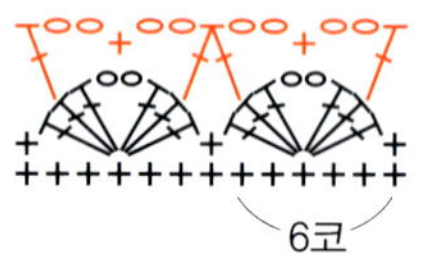

6코

모서리 C무늬뜨기

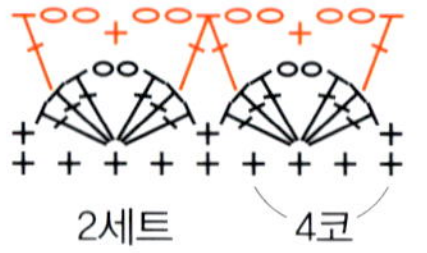

2세트
4코

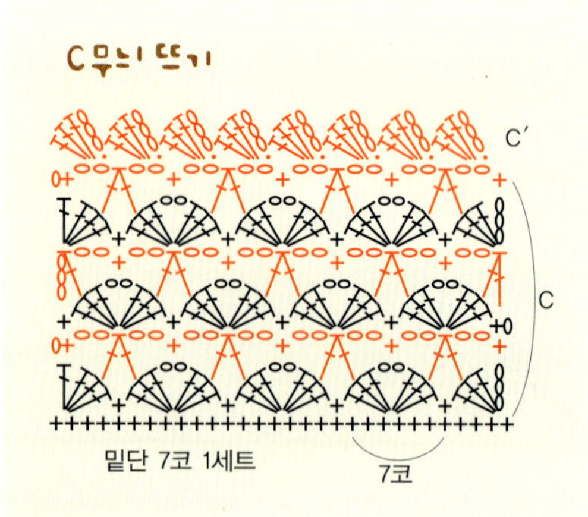

C무늬 뜨기
C′
C
밑단 7코 1세트
7코

앞판 A, B무늬뜨기

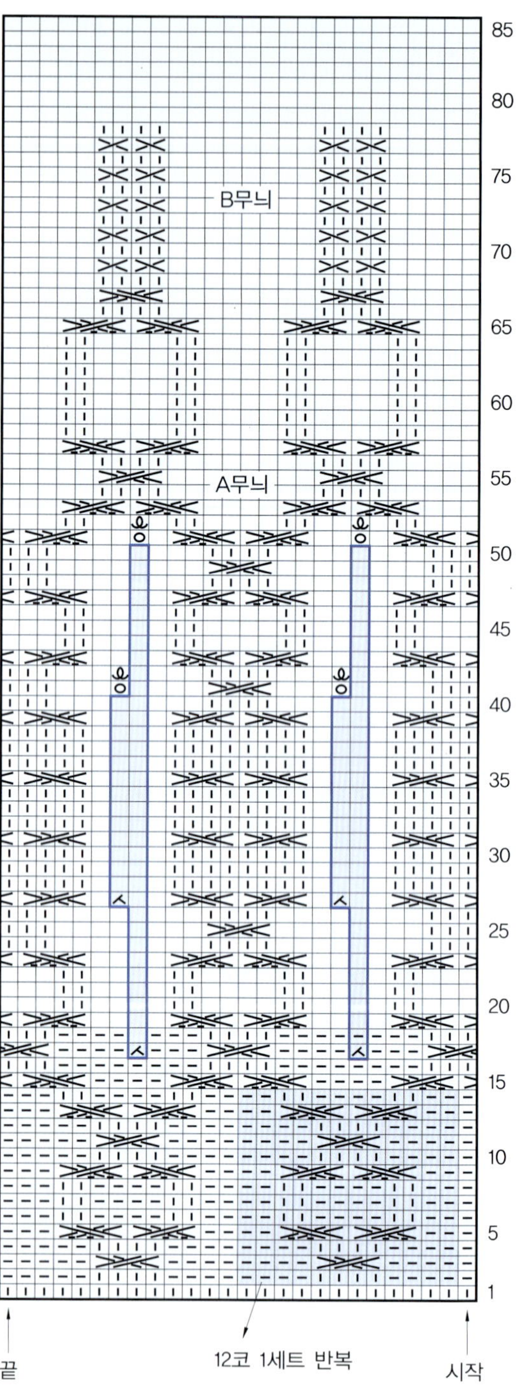

85
80
75
B무늬
70
65
60
55
A무늬
50
45
40
35
30
25
20
15
10
5
1
끝
12코 1세트 반복
시작

단춧구멍 위치

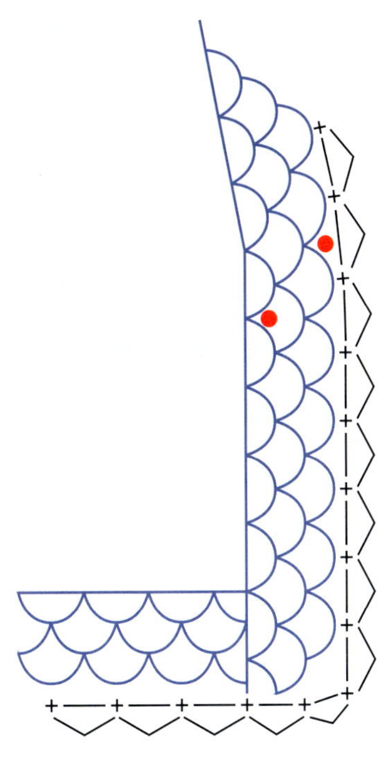

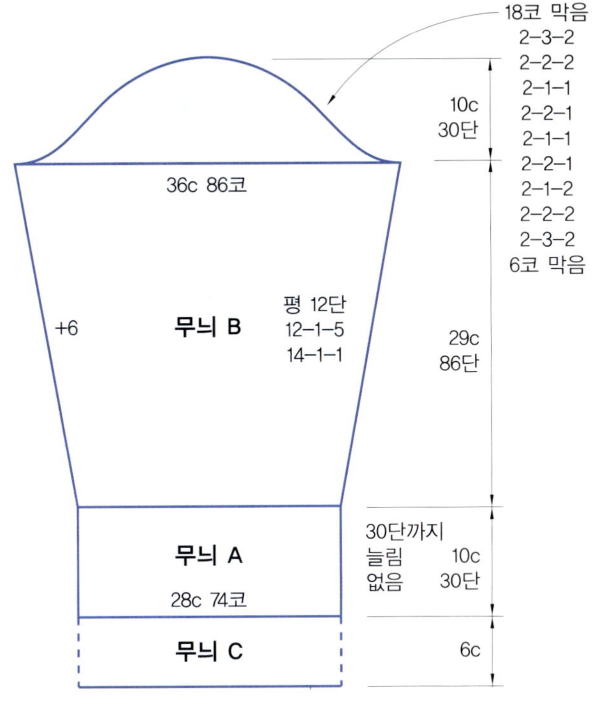
18코 막음
2-3-2
2-2-2
2-1-1
2-2-1
2-1-1
2-2-1
2-1-2
2-2-2
2-3-2
6코 막음
10c
30단
36c 86코
+6
무늬 B
평 12단
12-1-5
14-1-1
29c
86단
무늬 A
28c 74코
30단까지
늘림 없음
10c
30단
무늬 C
6c

▶▶ 단춧구멍은 따로 내주지 않습니다.
왼쪽 같은 위치에 단추를 달아 주세요.

소매 무늬뜨기

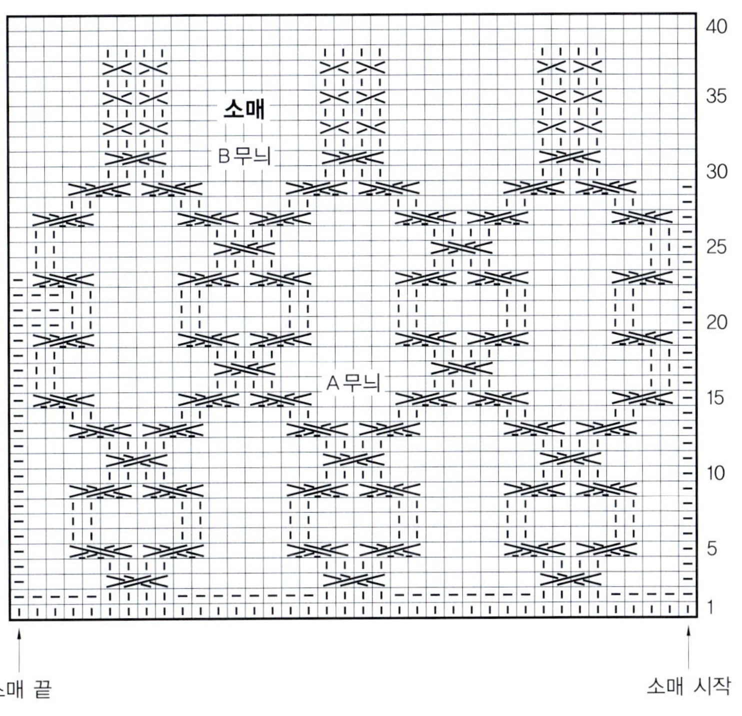
소매
B무늬
A무늬
40
35
30
25
20
15
10
5
1
소매 끝
소매 시작

Kintting 03

롱 베스트

1 2
3 4

1. 앞 여밈과 코사지
2. 뒷만 전체 무늬
3. 아웃라인
4. 진동과 뒷고대

롱 베스트

실 : 바카라에포크 – 그린 400g
바늘 : 4.5mm 대바늘, 모사용 5호 코바늘
사이즈 : M(66)
게이지 : 22코 25단
작품 : 김문선(달해)

뜨
는
방
법

● 허리 아랫부분(A무늬)

1 몸판 전체 코를 잡습니다.

2 양 사이드(진한 파란색 부분)에 무늬뜨기를 하고, 중앙은 안뜨기 8코와 겉뜨기 7코를 반복합니다.

3 겉뜨기 라인 모두 22단에 1코씩 5회 줄입니다.

● 허리 윗부분(B무늬)

1 남은 코에서 앞과 뒤를 구분하여 옆선에 표시해 둡니다.

2 14단을 뜨고 앞목 줄임을 시작합니다. 줄임은 사이드 라인 안쪽에서 줄임하여 사이드 무늬 라인을 살려 줍니다.

3 32단을 뜨고 진동 줄임을 합니다. 33단째 진행하면서 옆선을 중심으로 중앙 코 막음을 하고 좌측 앞단, 우측 앞단, 뒤판 순으로 진행합니다.

4 진동 코 막음한 후 진동 라인에 7코의 사이드 무늬 라인을 만들고, 진동의 줄임은 노란 무늬 안쪽에서 줄여 무늬 라인을 살려줍니다.

5 모양 잡아 스팀 다림질을 하고 어깨를 잇습니다.

● 아웃라인

1 코바늘로 몸판 전체와 진동의 아웃라인 무늬를 뜹니다.

2 오른쪽 앞단의 목 라인의 꺾어지는 부분과 5cm 아랫부분에 단춧구멍 2개를 만듭니다. 단춧구멍 사이는 진행하는 무늬 사이(4칸)와 동일합니다.

3 코사지 2개를 떠 좌우 양쪽에 꿰매 줍니다.

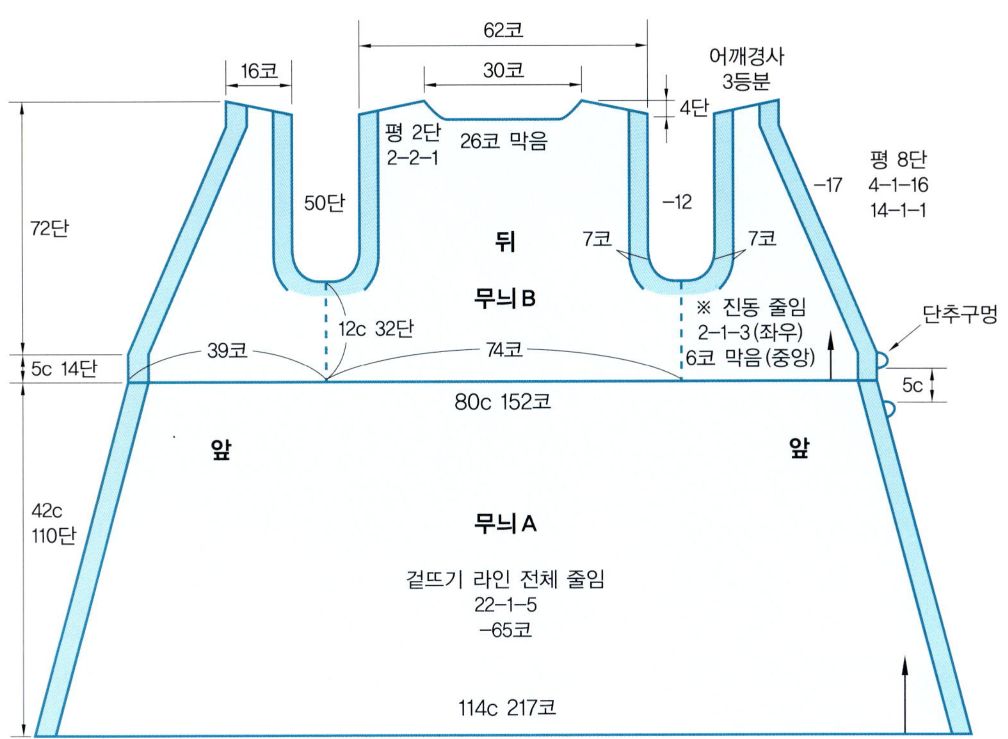
62코
16코
30코
어깨경사
3등분
4단
평 2단
2-2-1
26코 막음
72단
50단
뒤
-12
-17
평 8단
4-1-16
14-1-1
7코
7코
무늬B
12c 32단
※ 진동 줄임
2-1-3(좌우)
6코 막음(중앙)
단추구멍
5c 14단
39코
74코
80c 152코
5c
앞
앞
42c
110단
무늬A
겉뜨기 라인 전체 줄임
22-1-5
-65코
114c 217코

코사지 뜨기

전체 아웃라인

세로면(앞단, 진동) : 4칸마다
가로면(밑단, 뒷고대) : 3칸마다

단춧구멍

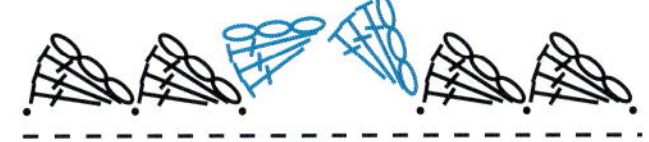

A무늬 뜨기

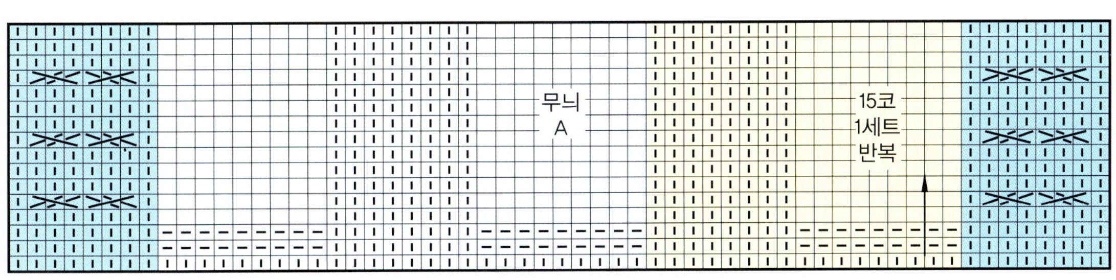
무늬
A
15코
1세트
반복
코잡은 단

B무늬

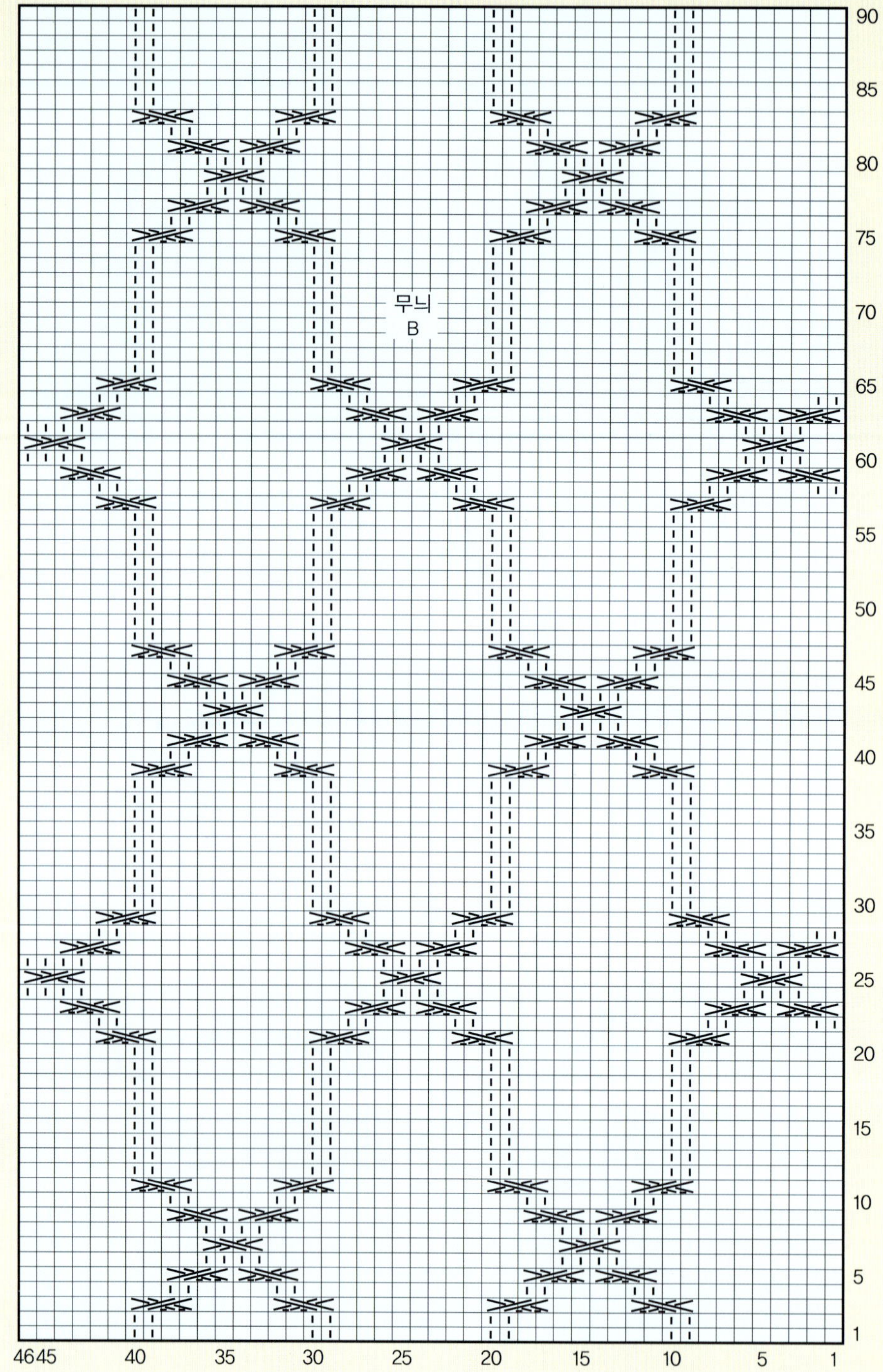
무늬
B
90
85
80
75
70
65
60
55
50
45
40
35
30
25
20
15
10
5
1
46 45
40
35
30
25
20
15
10
5
1

게이지

니트에서 게이지(gauge)는 '표준 치수'를 의미한다.

가로와 세로 10cm의 코와 단을 세고, 계산은 1cm당 환산한다.

❶ 메리야스뜨기의 게이지 재는 법

10cm²보다 큰 15cm²를 뜨고 스팀다리미로 바탕을 정리하여 세탁한 후 완전 건조시켜 콧수와 단수를 센다(무늬뜨기도 동일하다).

가로 10cm가 25코, 세로 10cm가 33단이면 1cm당 가로 2.5코, 세로 3.3단이 된다.

❷ 코와 단을 구별하기 어려운 무늬뜨기의 게이지 재는 법

1무늬가 몇 cm인지 재어서 10cm의 게이지로 환산한다.

가로 : 1무늬 10코에 4cm이면 10코÷4=2.5코가 1cm

그러므로 10cm는 25코가 된다.

세로 : 1무늬 15단이 4.5cm이면 15단÷4.5=3.3단이 1cm

그러므로 10cm는 33단이 된다.

게이지

1cm당 환산하면 전체 계산이 쉬워진다.

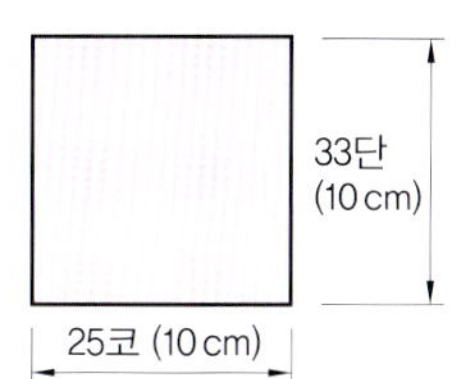
33단
(10cm)
25코 (10cm)

다림질

뒤판, 앞판, 소매까지 다 떠서 완성하고 나면 옷을 뒤집어 스팀 다리미로 잘 다려서 우글쭈글한 모양을 바로 잡아 준다.

맨 처음 게이지를 잡을 때 다림질을 하고 세탁하여 건조시킨 후 재야만 정확한 치수를 계산할 수 있다. 세탁이 번거로우면 다림질만이라도 꼭 해야 한다.

각각의 옷 조각을 연결한 후에도 솔기 부분을 다려 주어 이음새가 반듯하게 되도록 한다.

Kintting 04

V 네크라인 풀오버

1. 앞목 부분
2. 뒷목 부분
3. 전체 무늬와 하단 부분
4. 소매 부분

V 네크라인 풀오버

실 : 모뎀파인
바늘 : 4.5mm 대바늘,
모사용 5호 코바늘
사이즈 : M(66)
게이지 : 22코 25단
작품 : 오혜경(양배추)

뜨는방법

● 뒤판 뜨기

1 A와 B무늬를 번갈아 뜨면서 무늬 사이 안뜨기 콧수를 8코로 합니다.

2 모든 안뜨기 라인에서 2코씩 줄여 줍니다. 코 줄임은 안뜨기 사이드, 즉 돌려뜨기 라인의 바로 옆에서 줄임하여야 줄임 표시가 나지 않습니다.

3 줄임을 하면서 무늬 1세트 반을 뜨고(36단) 구멍무늬 없이 전체 라인을 꽈배기로만 18단을 뜨고(아래 도안의 파란색 부분) 다시 정상 무늬뜨기를 합니다.

4 안뜨기 라인 전체에서 2코씩 늘립니다.

● 앞판 뜨기

1 뒤판의 1~3번 항목까지 동일합니다.

2 1번, 3번, 5번째 안뜨기 라인의 코 늘림은 뒤와 동일하게 2코씩 늘리고, 2번, 4번째 안뜨기 라인은 5코 늘림한 뒤 다시 2코씩을 줄여 줍니다.

3 80단을 뜨고(허리선에서 32단) 1코 세워줄이기로 앞목 줄임을 진행합니다.

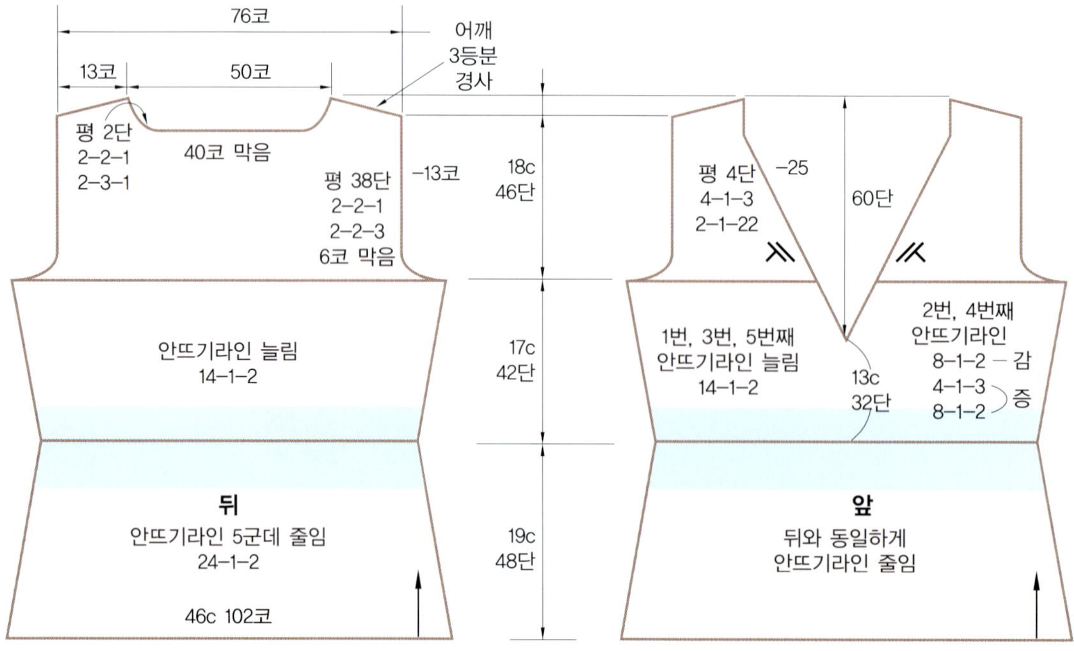

76코
13코
50코
어깨
3등분
경사
평 2단
2-2-1
2-3-1
40코 막음
평 38단
2-2-1
2-2-3
6코 막음
-13코
18c
46단
평 4단
4-1-3
2-1-22
-25
60단
안뜨기라인 늘림
14-1-2
17c
42단
1번, 3번, 5번째
안뜨기라인 늘림
14-1-2
13c
32단
2번, 4번째
안뜨기라인
8-1-2 – 감
4-1-3
8-1-2
증
뒤
안뜨기라인 5군데 줄임
24-1-2
46c 102코
19c
48단
앞
뒤와 동일하게
안뜨기라인 줄임

소매 뜨기

1 A와 B무늬를 번갈아 3무늬를 뜨면서 무늬 사이 안뜨기 콧수를 32코로 배열하고 사이드는 시접 코 1코씩을 추가합니다.

2 모든 4군데 안뜨기 라인에서 코 늘림을 합니다.

3 스팀 다림질을 하여 마무리하고 몸판에 잇습니다.

네크라인 뜨기

1 별도의 실로 사슬뜨기 25코 가량 뜬 다음 풀어내는 코 23코를 주워 중앙에서 5코 모아뜨기로 4코씩을 줄여 마지막 남은 1코는 매듭을 짓습니다.

2 풀어내는 코를 풀어 양쪽으로 꽈배기 무늬 약 98단씩을 뜹니다.

3 스팀 다림질을 한 다음 돗바늘로 네크라인에 이으면서 꽈배기 라인 양쪽이 딱 맞으면 뒤 중앙에서 메리야스 잇기로 마무리합니다.(또는 어깨 잇는 식으로 씌워 잇기함)

4 배색실로 아웃라인에 느슨해지지 않도록 주의하며 피코뜨기를 하고, 몸판 앞목 줄임의 코 세움 라인에도 피코뜨기를 합니다.

16코 막음
2-4-1
2-3-1
2-2-3
2-1-1
2-2-1
2-1-1
2-2-2
2-3-1
2-4-1
5코 막음

10c
26단

36c 82코

안뜨기 라인 4군데 늘림(+20)
18-1-5

45c
112단

소매무늬 안뜨기코
중앙 3코씩
사이드 4코씩

28c 62코

네크라인 뜨기

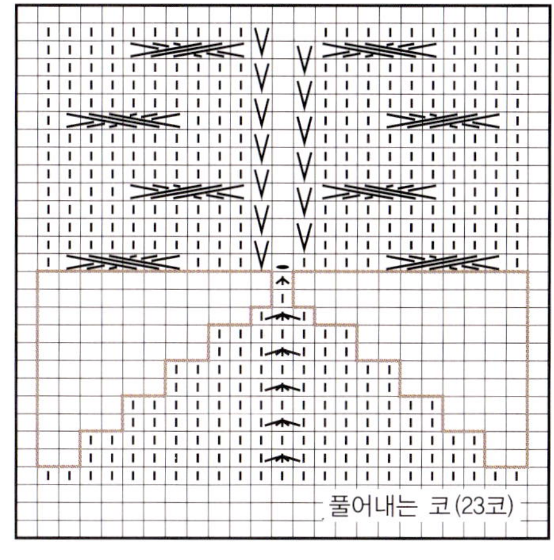
풀어내는 코(23코)

앞판 무늬뜨기

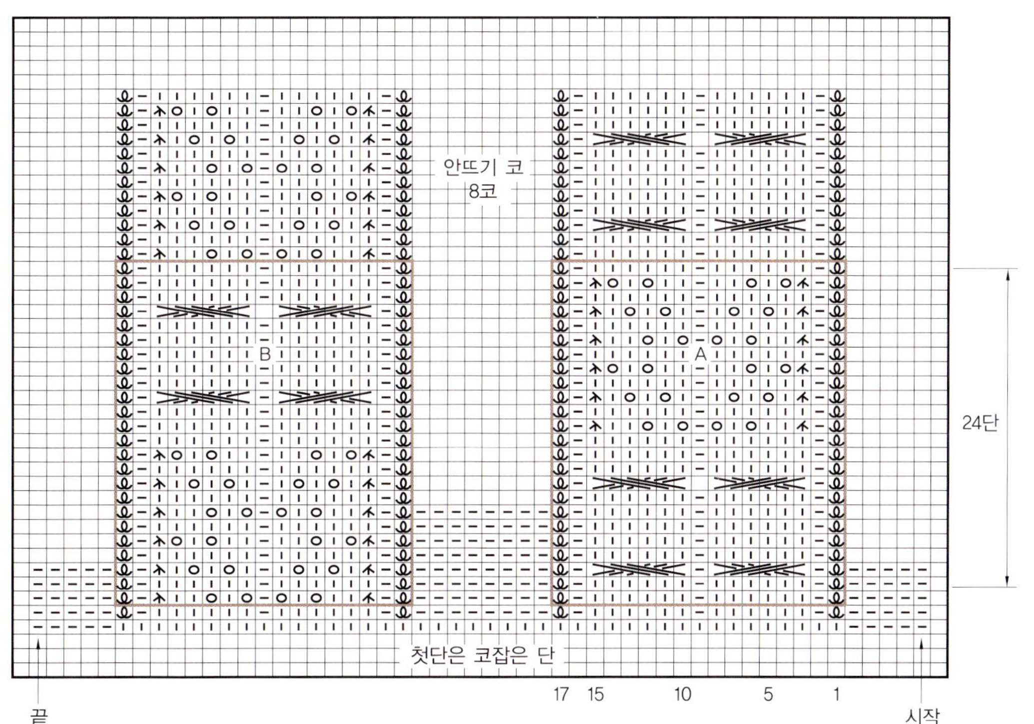
안뜨기 코
8코
B
A
24단
첫단은 코잡은 단
17 15 10 5 1
끝
시작

Kintting 05

페어아일 풀오버

1
2
3
4

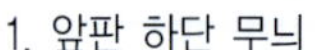

1. 앞판 하단 무늬
2. 앞목 부분과 무늬
3. 뒷목 부분과 무늬
4. 소매 부분과 무늬

페어아일 풀오버

실 : 트위드 바자르 – 블루 400g, 레드 80g, 그린 80g
바늘 : 4mm 대바늘
사이즈 : M(66)
게이지 : 23코 30단
작품 : 안혜정(토비)

뜨
는
방
법

● 몸판 뜨기

1 일반코를 잡아 줄바늘을 둥글게 모아 원통뜨기로 1코 고무뜨기 8단을 뜹니다. 또는 대바늘 4개를 사용합니다.

2 배색 A, B무늬 6세트, 52단을 뜹니다.

3 민무늬가 시작되는 53단째에서 분산하여 4코를 줄여 40단을 뜹니다.

4 코를 4등분하여 앞과 뒤, 양 옆을 표시해 둡니다.

5 진동은 옆 중앙에서 8코 막음하고 라운딩하며 뒤부터 완성합니다. 뒷고대 라운딩은 코 막음하지 않고 쉼코 줄임합니다.

6 앞목도 뒷목처럼 쉼코 줄임합니다.

*쉼코 줄임 : 어깨 경사뜨기하듯이 줄임 콧수만큼 다른 바늘에 옮기고 되돌아가는 방식입니다.

이 방법이 어려우면 일반적으로 씌어 줄임합니다.

7 스팀 다림질로 옷 모양을 잡아 세팅한 후 어깨를 잇습니다. 고무단도 다림질로 펴 줍니다.

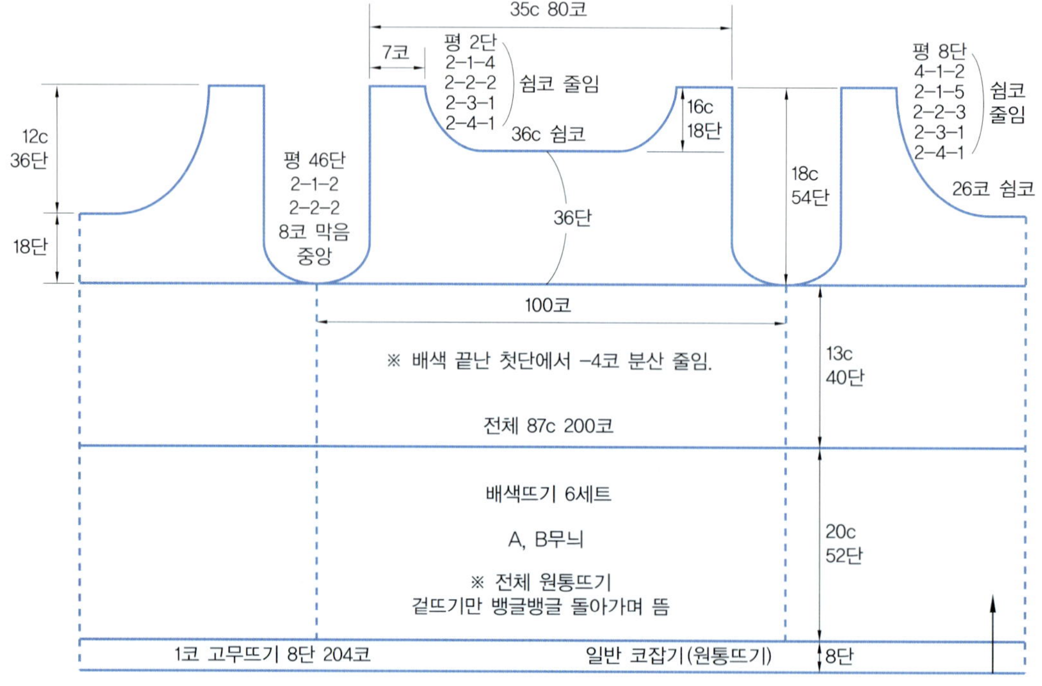

35c 80코
7코
평 2단
2-1-4
2-2-2
2-3-1
2-4-1
쉼코 줄임
36c 쉼코
16c
18단
평 8단
4-1-2
2-1-5
2-2-3
2-3-1
2-4-1
쉼코
줄임
26코 쉼코
12c
36단
18단
평 46단
2-1-2
2-2-2
8코 막음
중앙
36단
18c
54단
100코
※ 배색 끝난 첫단에서 -4코 분산 줄임.
13c
40단
전체 87c 200코
배색뜨기 6세트
A, B무늬
※ 전체 원통뜨기
겉뜨기만 뱅글뱅글 돌아가며 뜸
20c
52단
1코 고무뜨기 8단 204코
일반 코잡기(원통뜨기)
8단

● 칼라 뜨기

1 쉼코로 남은 코와 코 사이사이의 가닥을 끌어올려 돌려뜨기하면서 목 전체 콧수 168코를 만들어 1단을 뜨고 다음 단부터 배색뜨기를 합니다.

2 배색 C무늬 21코와 사이 7코씩을 배열하여 4단째부터 2단마다 7코를 줄임합니다.

3 무늬를 다 뜨고 남은 126코는 1코 고무뜨기 2단을 뜨고 고무뜨기로 마무리합니다.

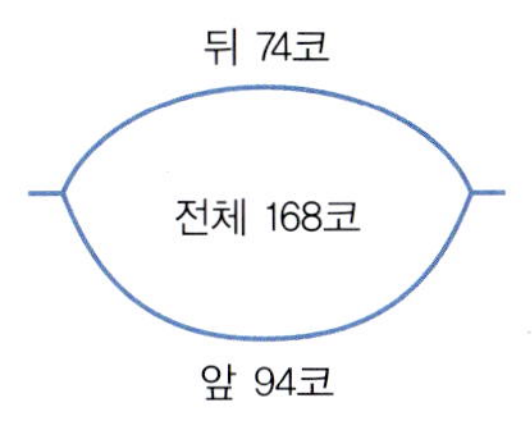
뒤 74코
전체 168코
앞 94코

- C무늬 6세트 배열한다.
- 원통뜨기를 한다.
- 코 줍고 다음 단부터 배색한다.
- 배색 끝나면 1코 고무뜨기 2단 뜨고 고무단으로 마무리한다.
- 무늬 배색 사이 7코를 줄인다.
- 총 42코가 줄어 126코가 된다.

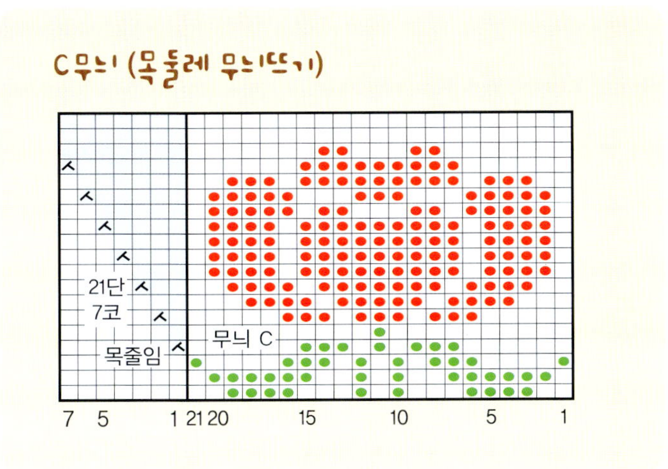
C무늬 (목둘레 무늬뜨기)
21단
7코
목줄임
무늬 C
7
5
1
21
20
15
10
5
1

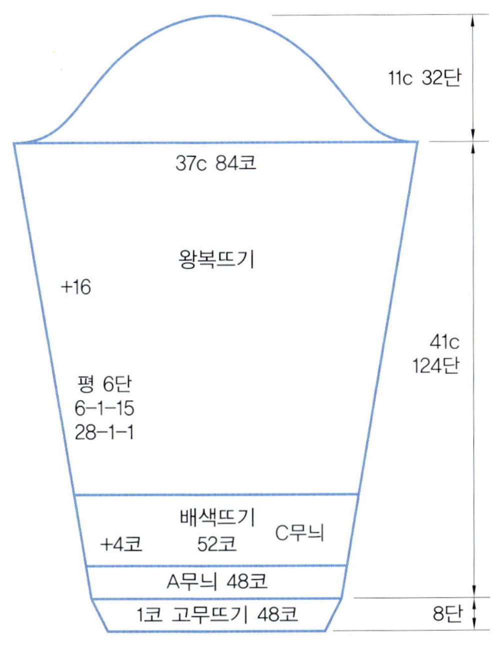
16코 막음
2-4-1
2-2-3
2-1-1
2-2-1
2-1-2
2-2-1
2-1-2
2-2-3
2-4-1
5코 막음
11c 32단
37c 84코
왕복뜨기
+16
41c
124단
평 6단
6-1-15
28-1-1
배색뜨기
52코
+4코
C무늬
A무늬 48코
1코 고무뜨기 48코
8단

● 소매 뜨기

1 일반코(또는 고무단 코) 48코를 잡아 왕복으로 1코 고무뜨기 8단을 뜹니다.

2 배색 A무늬 6단을 뜨고 7단째 분산하여 4코를 늘려 전체 콧수 52코를 만듭니다.

3 C무늬 21코 2무늬를 배열합니다.(간격 3코, 배색 21코, 간격 4코, 배색 21코, 간격 3코로 배열)

4 배색뜨기하면서 사이드에서 코 늘림합니다. 배색이 끝난 29단째부터 늘림합니다.

5 스팀 다림질로 모양을 잡아 세팅하고 솔기를 잇습니다. 소매 고무단은 펴지 않고 스팀만 쬐어 줍니다.

A, B무늬 (몸판 하단 무늬뜨기)

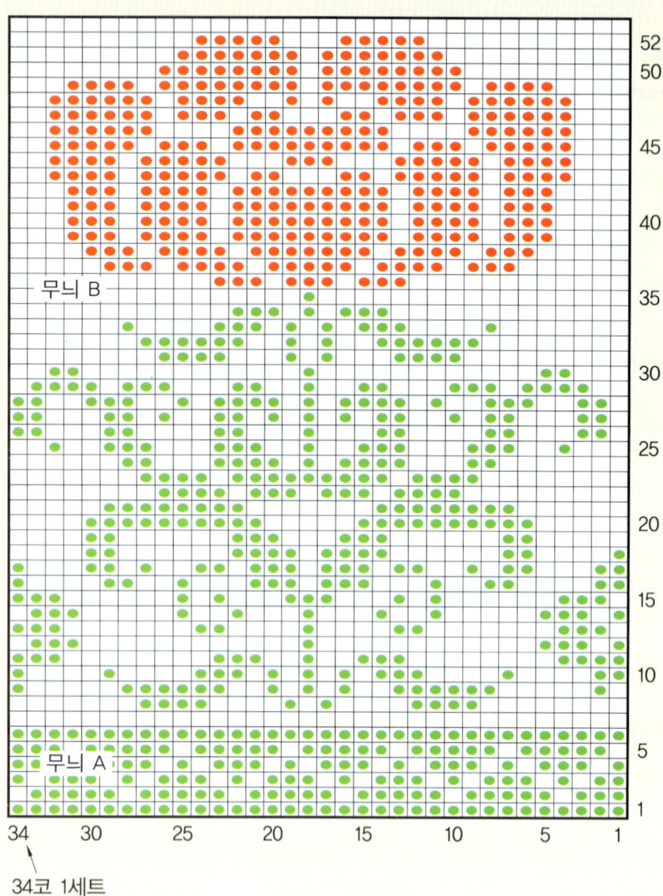

52
50
45
40
35
30
25
20
15
10
5
1
무늬 B
무늬 A
34
30
25
20
15
10
5
1
34코 1세트

■ 배색 방법

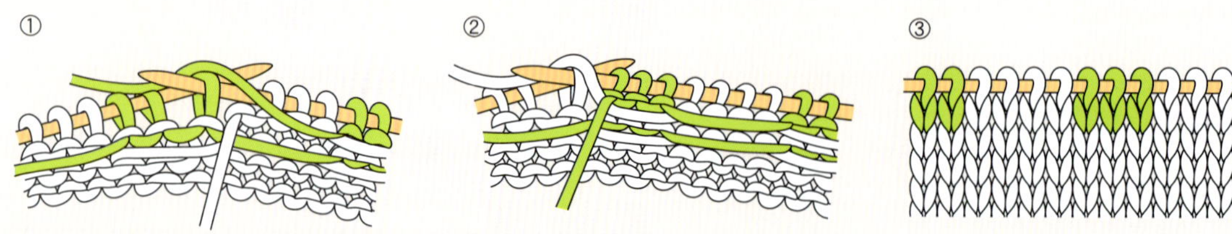

①
②
③

실 고르기

※ 실을 고를 때는 누가 입을 것인지, 맨살에 직접 닿는지, 무엇을 뜰 것인지를 먼저 생각해야 한다.

- 모자나 목도리는 직접 피부에 닿기 때문에 실을 고를 때 신중히 골라야 한다. 순모보다는 털이 적고 부드러운 혼방이 좋다.
- 스웨터 같은 겉옷은 약간 거칠어도 크게 상관없으나, 털 알레르기가 있는 사람이나 어린 아이들에게는 가려울 수 있다.
- 겉옷용이라 해도 실을 구입할 때는 목에 비벼보고 구입한다. 얼굴보다는 목이 예민하므로 조금이라도 따가운 것은 좋지 않다. 같은 순모라 해도 품질은 다양하다.
- 성인용 옷 뜨는 실로 돌도 안 지난 아기의 옷을 뜨는 건 적절치 않다. 부드러운 혼방을 쓰거나 좀 비싸더라도 유아용 실을 쓴다.
- 정장 분위기를 내려면 가는 실로 섬세하게 뜨는 것이 좋고, 캐주얼한 분위기에는 약간 도톰한 실로 성글게 뜨는 것이 멋스럽다.
- 목도리는 옷을 뜰 때처럼 꼼꼼하게 뜨게 되면 딱딱한 느낌이 나면서 착용감이 줄어든다. 옷을 뜰 때의 바늘보다 한두 사이즈 이상 굵은 바늘로 뜬다.
- 가벼운 실은 무조건 좋고 무거운 실은 나쁠까? 꼭 그렇진 않다. 너무 가벼우면 몸에서 옷이 들뜨게 되어 착용감이 덜하다. 적당한 중량감이 있어야 몸에 착 붙는 느낌과 함께 무늬나 스타일이 선명해 보인다.

무늬의 배열

옷을 뜰 때는 뒤판을 먼저 뜬다. 뒤판이 옷의 기준이 되기 때문이다.
무늬를 배열할 때는 중심에서 좌우 대칭으로 한다.
예를 들어, A, B, C 무늬가 있다면 C－B－A－B－C로 배열을 한다.
만약 대칭 배열이 아닌 언밸런스 배열이라면 앞판도 같은 배열로 통일감을 주어야 한다.

Kintting 06

레이어드 원피스

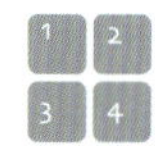

1. 앞목 부분
2. 뒷목 부분
3. 전체 무늬
4. 하단 레이스 부분

레이어드 원피스

실 : 마일드라나 – 블랙 280g,
그레이 200g
바늘 : 모사용 5호 코바늘
사이즈 : M(66)
게이지 : B무늬 1세트
가로 2.5cm
세로 1.5cm

뜨 는 방 법

● A무늬 뜨기

1 한 세트 20코×무늬수를 계산하여 사슬뜨기를 합니다.(사슬뜨기는 길게 하여 잘라내면 됨)

2 위에서 아래로 파도무늬뜨기(모두 한길긴뜨기)를 하면서 2단째에 2회를 늘리고 그 다음부터는 4단마다 7회 늘린 후 평 2단을 떠서 총 34단을 뜹니다. 길이를 길게 하려면 4단마다 늘림을 계속하면 됩니다.

3 코 늘림을 하면 파도무늬의 오목과 볼록 부분 사이에 있는 한길긴뜨기 7코가 한 코씩 증가합니다.

● B무늬 뜨기

1 A무늬 허리 쪽의 오목한 부분을 메우고 B무늬를 사이즈에 맞게 배열합니다. 무늬 배열 후 앞뒤 중심, 양옆 중심을 잡아 4군데를 표시해 둡니다. 전체 무늬가 홀수이므로 뒤쪽 부분에 한 무늬를 더 많게 뜹니다.

2 왕복 1세트를 1무늬 1단으로 하고 1단을 뜬 다음 앞목 파임을 시작합니다.

3 앞목 줄임을 하며 4단이 되면 뒤 파임을 합니다.(앞 줄임과 같은 방법으로 함)

4 진동은 모든 사이즈 6단을 뜨고 파 줍니다. 앞목과 뒤, 진동을 모두 줄이면 어깨 라인은 2무늬만 남습니다.

5 어깨를 다 뜬 후 안쪽에서 빼뜨기로 이어 주고 어깨 끈 부분을 스팀다림질로 표기된 진동 높이(cm)가 나오도록 상하를 강하게 다려 줍니다.

6 네크라인과 진동은 배색실로 피코뜨기 1단을 떠 줍니다.(적당히 칸 건너며)

● 무늬C 뜨기

1 파도무늬 1개에 모두 12개의 조개무늬를 뜹니다.

2 볼록한 부분만 도안처럼 계속 늘림하며 11단을 뜹니다. 길이 조절 시 계속 늘림합니다.

3 무늬 A와 C의 경계선에 배색실로 피코뜨기를 합니다.

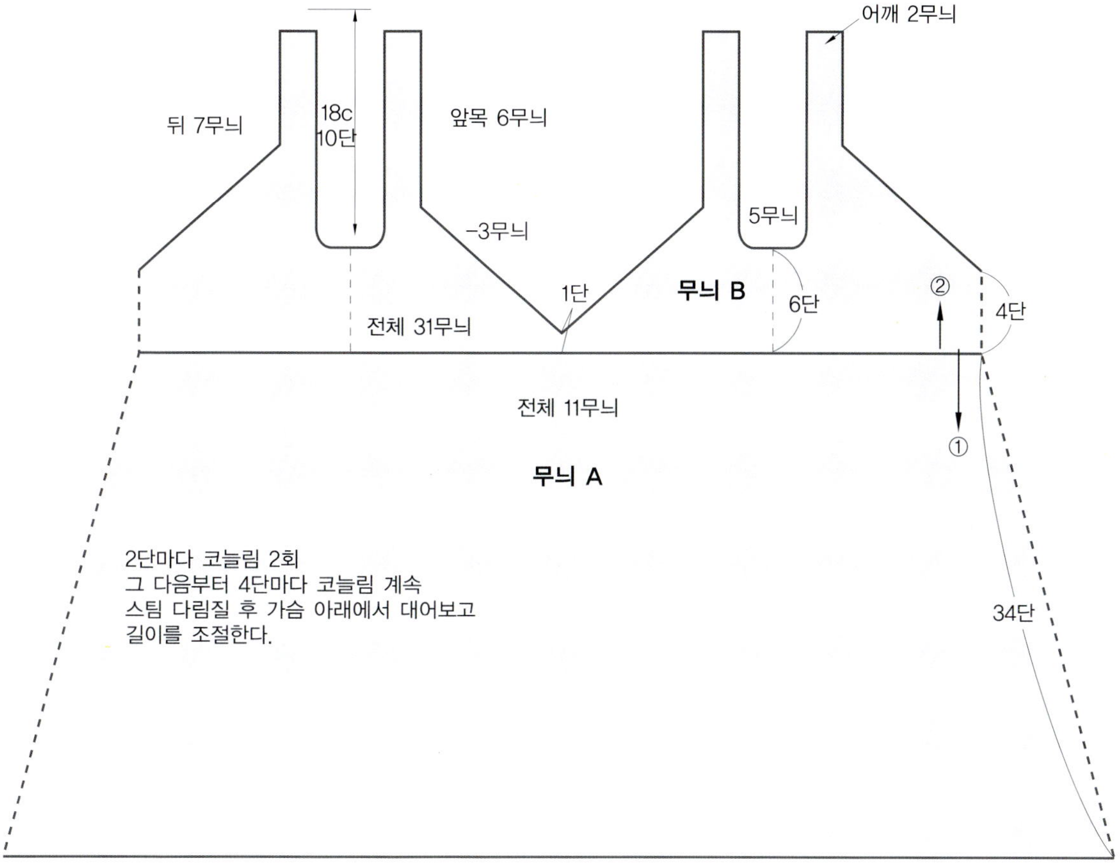

어깨 2무늬

뒤 7무늬

18c
10단

앞목 6무늬

5무늬

–3무늬

1단

무늬 B

6단

②

4단

전체 31무늬

전체 11무늬

①

무늬 A

2단마다 코늘림 2회
그 다음부터 4단마다 코늘림 계속
스팀 다림질 후 가슴 아래에서 대어보고
길이를 조절한다.

34단

앞목 줄이기

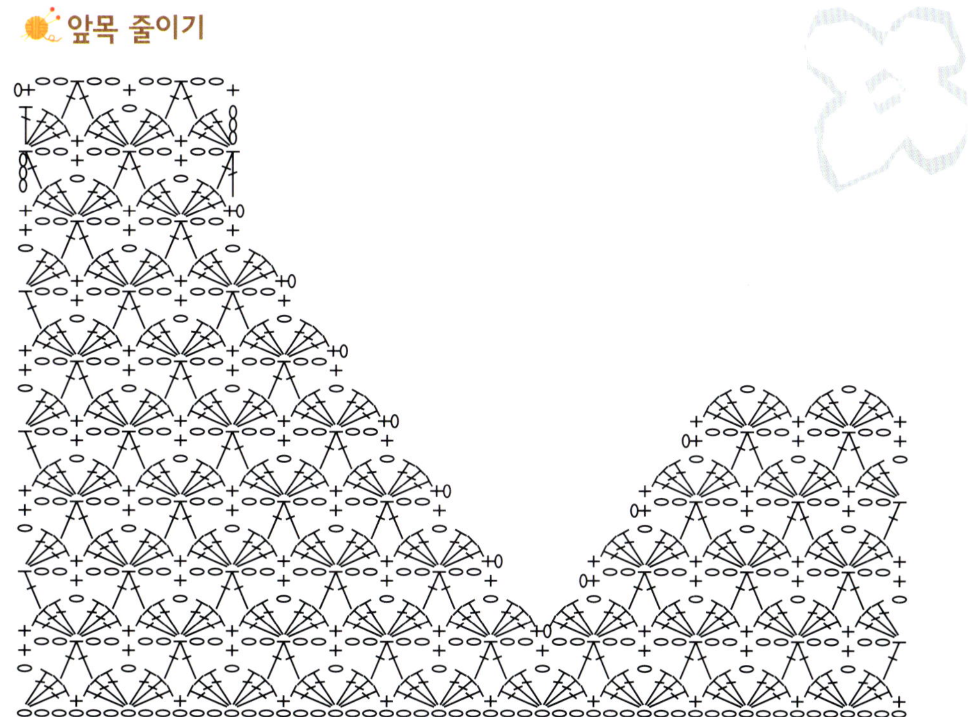

진동 뜨기

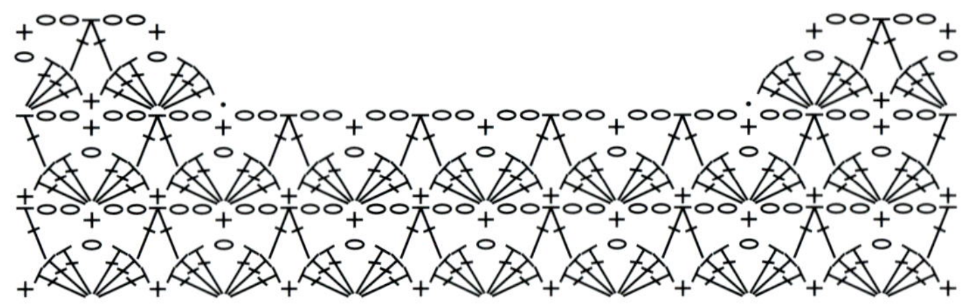

A무늬 뜨기 (파도 무늬)

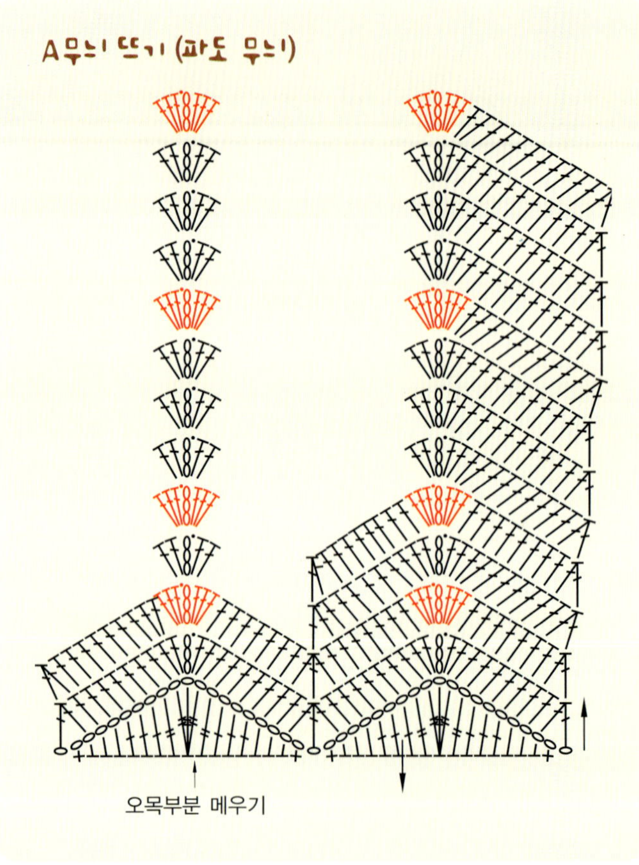
오목부분 메우기

B무늬 뜨기

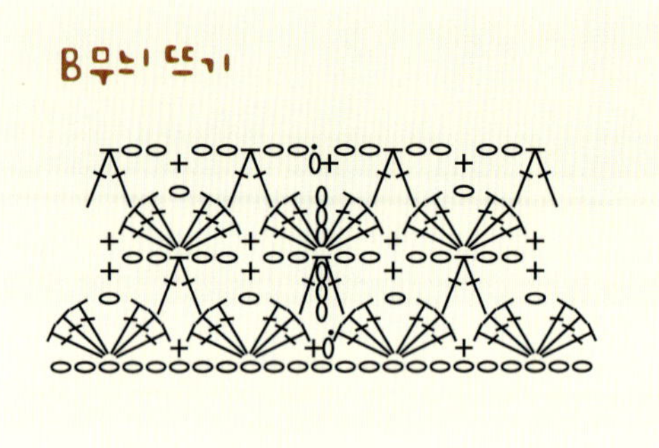

C무늬 뜨기 (조개 무늬)

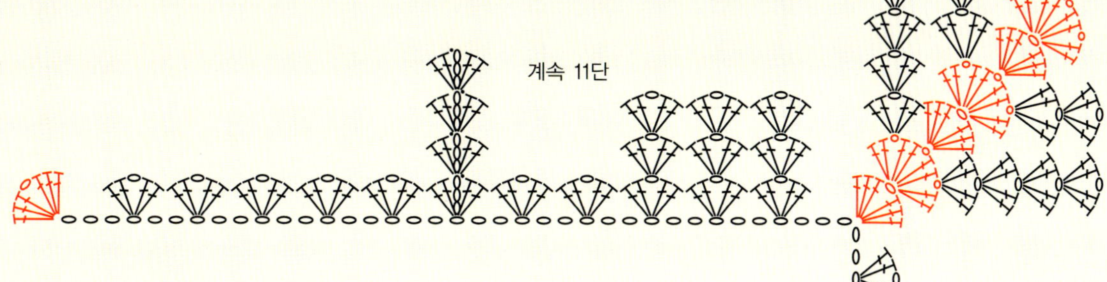
계속 11단

※ 피코뜨기

(1) 사슬뜨기 3코

(2) 1번 코에 짧은뜨기

(3) 적당히 칸 건너 빼뜨기

Kintting 07

샹제리제 풀오버

1. 앞목 부분과 마무리
2. 뒷목 부분과 마무리
3. 전체 무늬
4. 소매 부분

샹제리제 풀오버

실 : 샹제리제 – 그레이 170g
바늘 : 3.5mm 대바늘,
모사용 4호 코바늘
사이즈 : M(66)
게이지 : 25코 33단

뜨
는
방
법

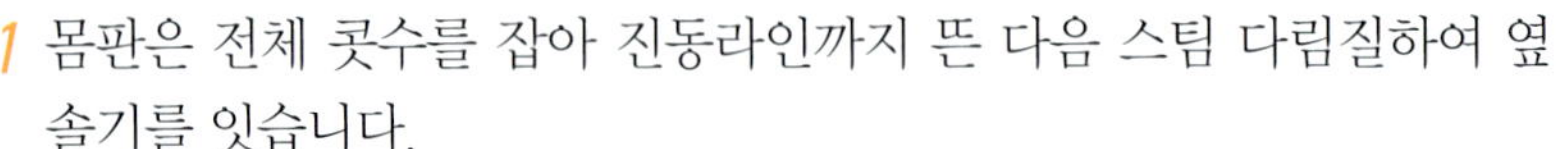

몸판 뜨기

1 몸판은 전체 콧수를 잡아 진동라인까지 뜬 다음 스팀 다림질하여 옆 솔기를 잇습니다.

2 원통이 된 몸판의 솔기가 왼쪽 옆으로 가도록 하여 옆 중심을 잡아 앞과 뒤를 구분하여 둡니다. 이으면서 시접 2코가 감소하였으므로 전체 콧수는 2코가 줄어듭니다.

3 옆 중심에서 코 막음하여 진동을 줄이고 뒤쪽 몸판을 먼저 완성하고 앞 몸판을 뜹니다.

4 어깨는 콧수를 3등분하여 경사뜨기합니다.

5 앞쪽도 도안을 보고 다 뜬 후 스팀 다림질하고 어깨를 이은 다음 한쪽 옆 솔기를 잇습니다.

소매 뜨기

1 소매는 도안대로 소매와 소매산을 떠서 완성합니다.

2 소매를 스팀 다림질하여 솔기를 이은 후 몸판에 감침질하여 달아 줍니다.

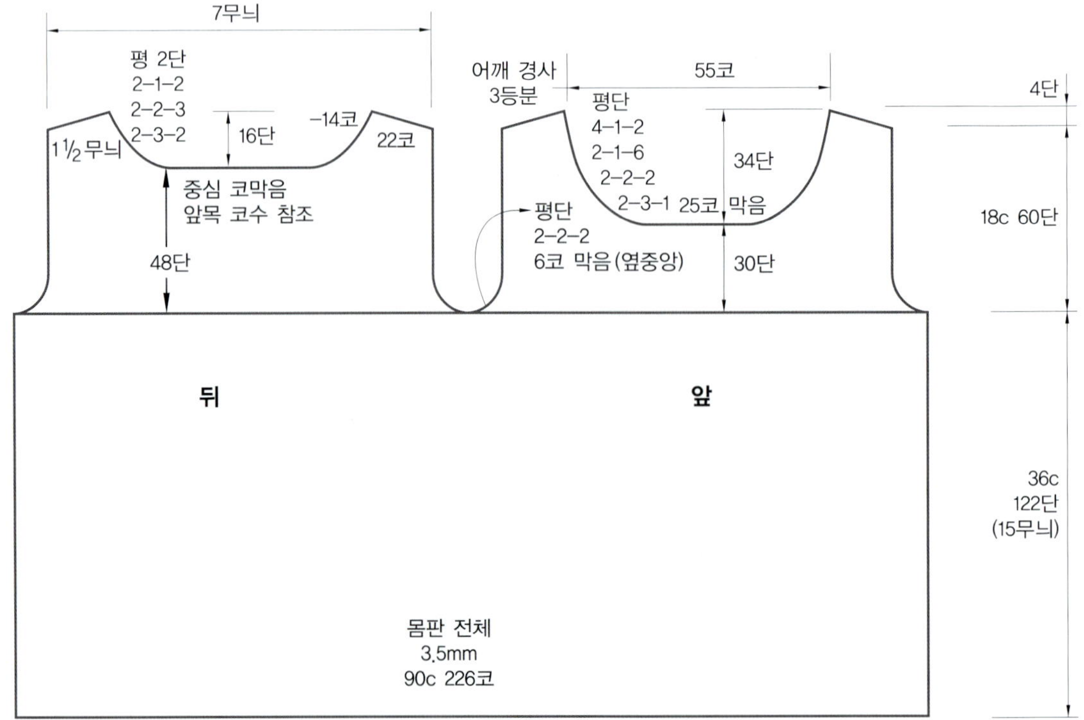

7무늬
평 2단
2-1-2
2-2-3
2-3-2
1½무늬
16단
-14코
22코
중심 코막음
앞목 코수 참조
48단
어깨 경사
3등분
55코
평단
4-1-2
2-1-6
2-2-2
2-3-1
25코 막음
34단
평단
2-2-2
6코 막음(옆중앙)
30단
4단
18c 60단
뒤
앞
36c
122단
(15무늬)
몸판 전체
3.5mm
90c 226코

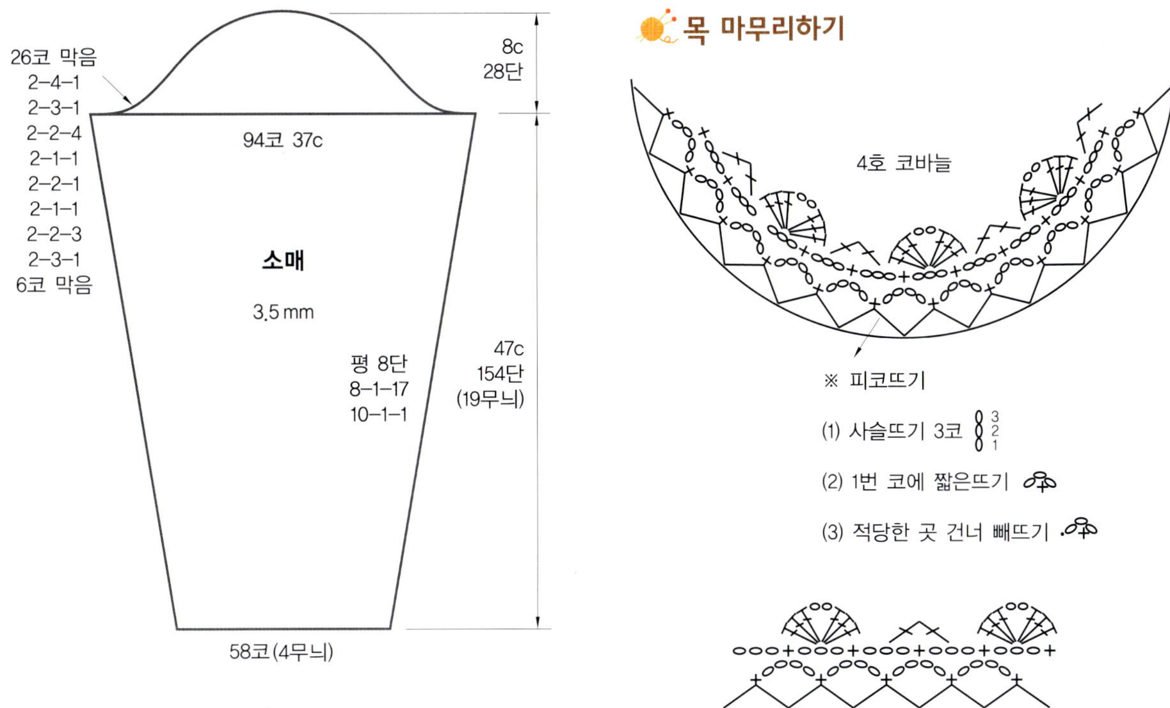
26코 막음
2-4-1
2-3-1
2-2-4
2-1-1
2-2-1
2-1-1
2-2-3
2-3-1
6코 막음
8c
28단
94코 37c
소매
3.5 mm
평 8단
8-1-17
10-1-1
47c
154단
(19무늬)
58코(4무늬)
목 마무리하기
4호 코바늘
※ 피코뜨기
(1) 사슬뜨기 3코
3
2
1
(2) 1번 코에 짧은뜨기
(3) 적당한 곳 건너 빼뜨기

목 라인 마무리하기

1 첫단은 피코뜨기를 합니다. 피코뜨기 간격은 3~4코씩 건너면서 울거나 오그라들지 않도록 주의하면서 피코뜨기의 수가 3의 배수가 되도록 합니다.

2 피코뜨기 위에 사슬 4코와 짧은뜨기를 반복합니다.

3 3단째는 사슬 3코와 짧은뜨기를 반복합니다.

4 4단째는 조개무늬뜨기하면서 3단째의 사슬뜨기를 2칸씩 모아 짧은뜨기를 합니다.

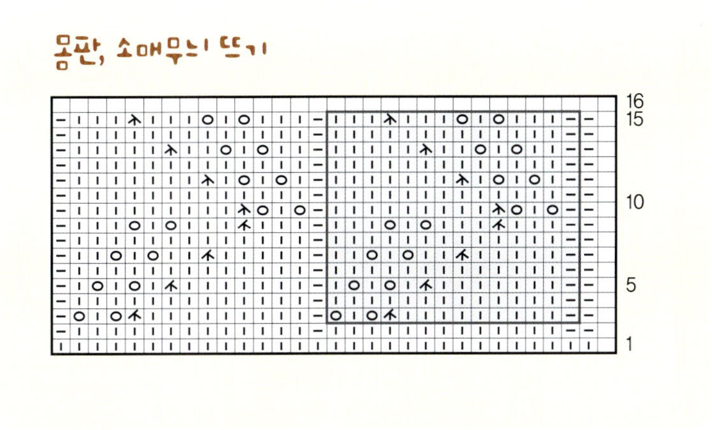
몸판, 소매무늬 뜨기
16
15
10
5
1

Kintting 08

하트 스웨터

1. 앞목 부분과 칼라
2. 뒷판 전체 무늬
3. 주머니
4. 소매 전체 무늬

하트 스웨터

실 : 루벤스 – 블루 650g
단추 : 35mm 5개
바늘 : 5.5mm 대바늘
사이즈 : M(66)
게이지 : 무늬 19코 22단
메리야스 17.5코 22단

뜨는방법

몸판 뜨기

1 5.5mm 대바늘로 일반코를 잡아 돌아오면서 무늬를 배열합니다. 무늬는 중앙 A무늬와 좌우에 B무늬가 있고 그 사이에 2코 꽈배기가 있습니다.

*앞판 무늬 배열은 중앙 하트 무늬가 절반만 들어갑니다. 가운데 4코 꽈배기는 하지 않습니다.

2 앞단 부분에 2코 꽈배기와 안뜨기 1코 세트 10코를 뜨고 앞단 시작코는 뜨지 않고 빼 줍니다. 오른쪽 앞단에는 꽈배기 무늬 수를 새어 단춧구멍(도안 참조)을 냅니다.

3 소매는 중앙에 A무늬 하트 18코만 넣고 좌우에는 안뜨기를 합니다.

주머니 뜨기

1 앞단 40단을 뜨고(무늬B 2세트) 주머니를 내 줍니다. 주머니 위치가 되면 실을 끊고 19코는 풀어낼 다른 실로 뜬 다음 다시 원래 실을 연결하여 진행합니다.

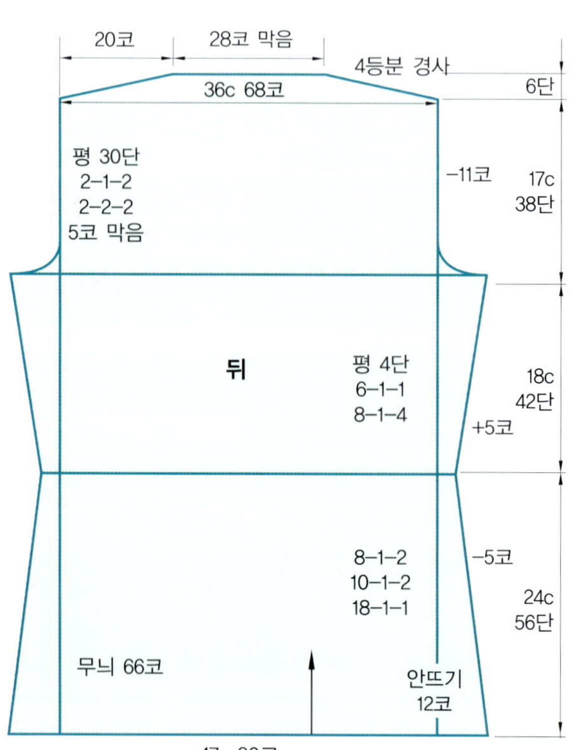

20코
28코 막음
4등분 경사
36c 68코
6단
평 30단
2-1-2
2-2-2
5코 막음
-11코
17c
38단
뒤
평 4단
6-1-1
8-1-4
18c
42단
+5코
8-1-2
10-1-2
18-1-1
-5코
24c
56단
무늬 66코
안뜨기
12코
47c 90코

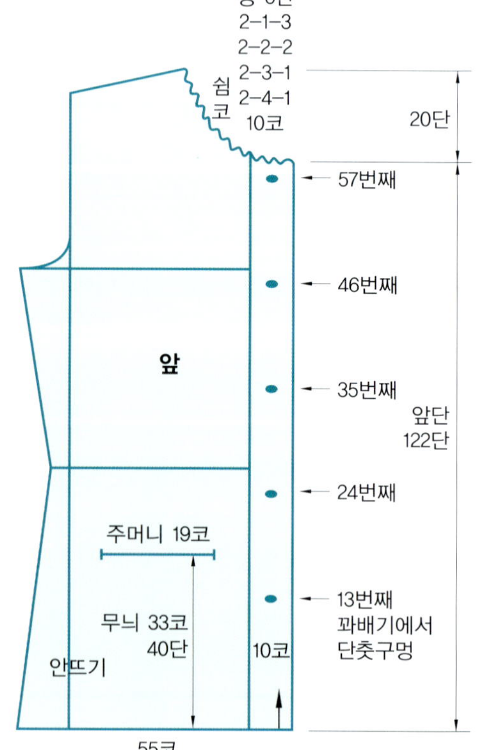

평 6단
2-1-3
2-2-2
2-3-1
2-4-1
10코
쉼코
20단
57번째
46번째
앞
35번째
앞단
122단
24번째
주머니 19코
13번째
꽈배기에서
단춧구멍
무늬 33코
40단
10코
안뜨기
55코

2 앞판을 완성하고 주머니의 다른 실을 풀어내 아래 위 각각 바늘을 따로 꿰어 놓습니다.

3 속주머니는 위에서 아래로 메리야스뜨기 26단을 떠서 코 막음하고 겉으로 나오는 입구는 앞단무늬 23코로 10단을 떠서 코 막음한다. 겉과 속 주머니를 표시 안 나게 감침질하여 연결한다.

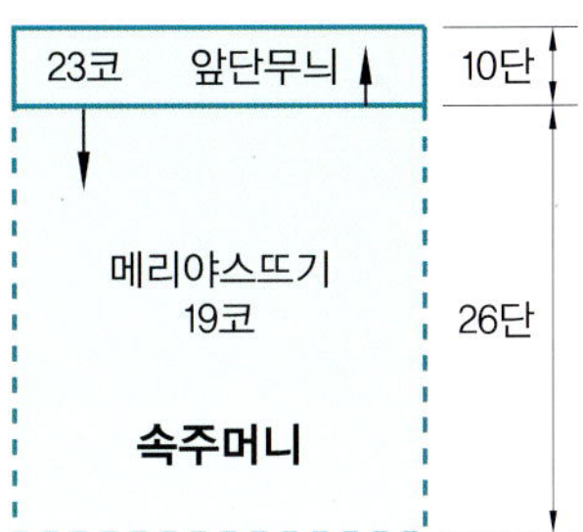

23코 앞단무늬
10단
메리야스뜨기
19코
26단
속주머니

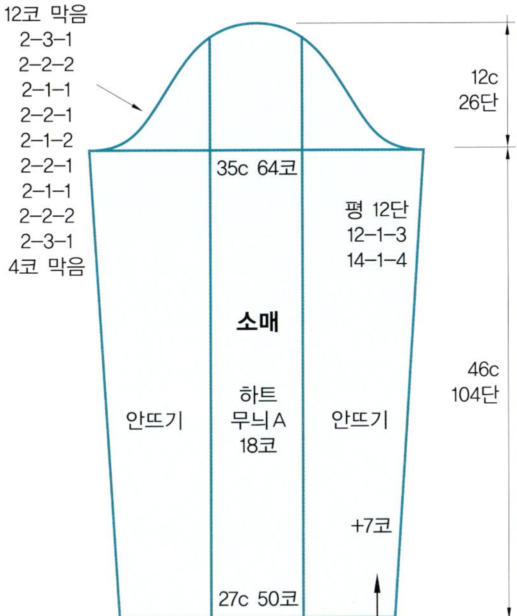

12코 막음
2-3-1
2-2-2
2-1-1
2-2-1
2-1-2
2-2-1
2-1-1
2-2-2
2-3-1
4코 막음
12c
26단
35c 64코
평 12단
12-1-3
14-1-4
소매
46c
104단
안뜨기
하트
무늬A
18코
안뜨기
+7코
27c 50코

칼 라

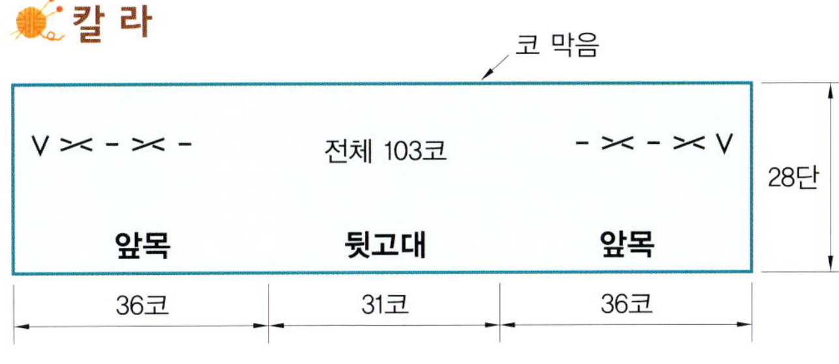

코 막음
전체 103코
28단
앞목
뒷고대
앞목
36코
31코
36코

▶▶ 칼라는 둥글게 펴서 다림질한다.

뒤판 무늬 배열

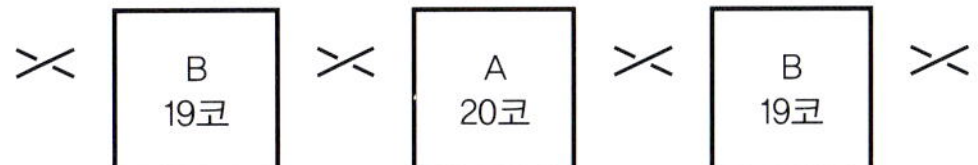

B
19코
A
20코
B
19코

▶▶ 앞판은 A무늬를 절반씩 뜬다. (A무늬 10코)

앞단 무늬, 단춧구멍

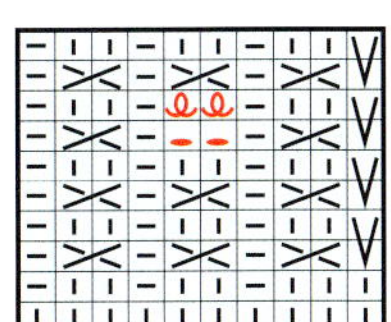

A무늬 뜨기

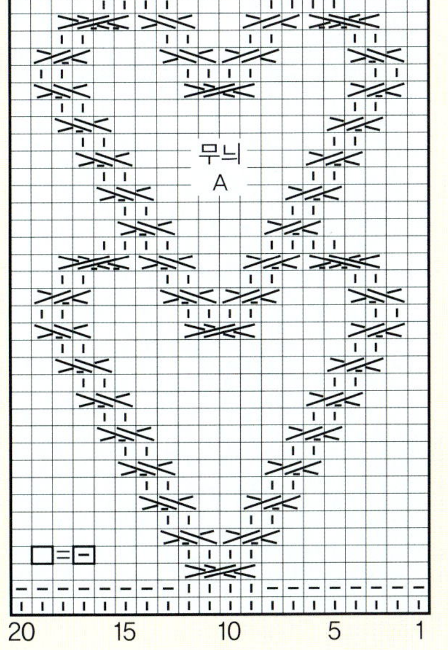

무늬
A
□=⊟
20
15
10
5
1

B무늬 뜨기

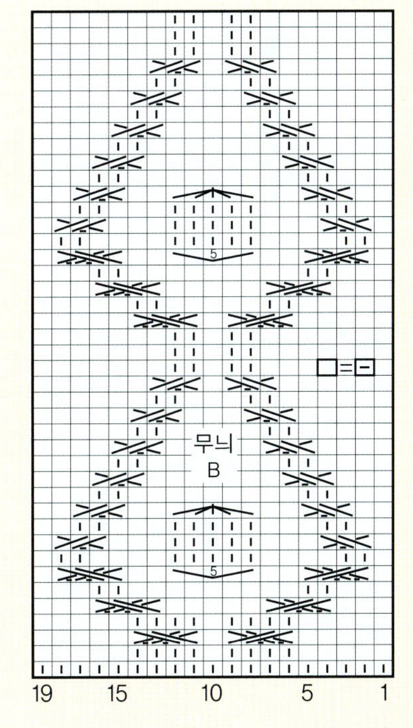

□=⊟
무늬
B
19
15
10
5
1

칼라 무늬

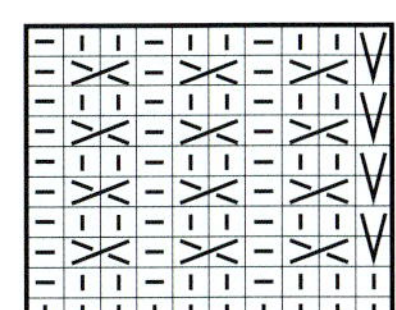

Kintting 09

플로라 카디건

1. 앞목 부분
2. 앞판 하단 부분
3. 뒤판 전체 무늬
4. 소매 부분

플로라 카디건

실 : 플로라 400g
단추 : 23mm 5개
바늘 : 모사용 5호 코바늘
사이즈 : M(66)
게이지 : 1세트 26코 6mm, 1무늬단 0.95cm

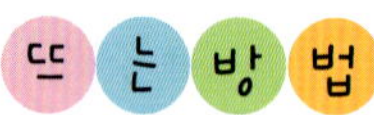
뜨는방법

몸판 뜨기

1 사슬뜨기는 (무늬수×20코)+1코로 하세요. 사슬은 길게 떠서 끊으면 됩니다.

2 도안의 전체 무늬뜨기대로 한길긴뜨기 1단을 뜨고 돌아오는 단에서 걸어뜨기를 합니다. 안에서 앞걸어뜨기를 하면 겉에 라인이 생깁니다. 진행하는 홀수단은 그냥 겉뜨기, 돌아오는 단은 걸어뜨기로 반복입니다.

＊진행하는 동안 단춧구멍 내는 것을 잊지 마세요.

3 진동까지 29단을 뜨고 스팀 다림질을 한 다음 겨드랑이까지 대어 보고 짧다고 생각되면 몇 단 더 뜨면 됩니다.

4 앞판과 진동, 뒤판을 분할하여 진동 1무늬씩을 남겨두고 뒤판과 앞판을 각각 완성합니다. 진동, 앞목, 뒷목 모두 라운딩 없이 직각으로 올라갑니다.

※ 피코뜨기

(1) 사슬뜨기 3코

(2) 1번 코에 짧은뜨기

(3) 한길긴뜨기 라인 1칸씩 건너 빼뜨기

소매 뜨기

1 소매는 원통뜨기를 합니다. 몸판과 같이 겉에서 1단, 안에서 1단 뜨면서 사슬 세움코에 빼뜨기를 합니다.

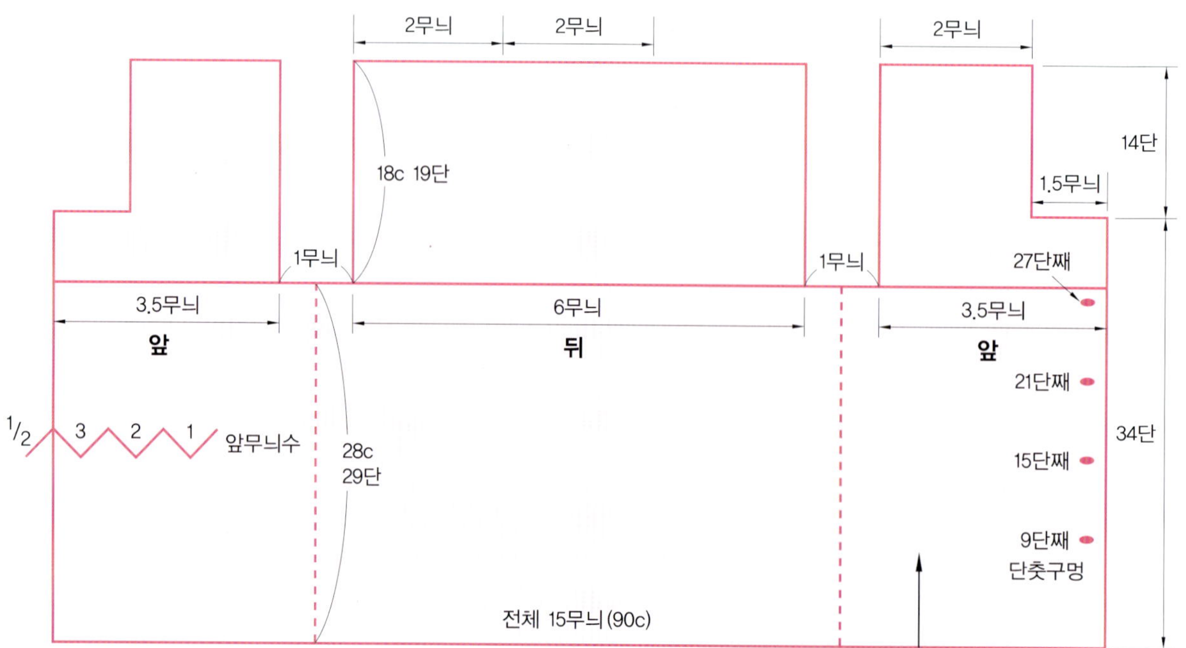
2무늬
2무늬
2무늬
18c 19단
14단
1.5무늬
1무늬
1무늬
27단째
3.5무늬
6무늬
3.5무늬
앞
뒤
앞
21단째
1/2 3 2 1 앞무늬수
28c
29단
34단
15단째
9단째
단춧구멍
전체 15무늬(90c)

2 4무늬로 시작하고, 2세트 늘립니다. 평 16단을 뜨고 2단마다 늘어나게 되며 1세트가 늘어나면 실을 끊고 (좌우 중 한 곳) 볼록한 곳에서 같은 방법으로 1세트를 더 늘립니다.

＊늘림 도안에는 걸어뜨기를 생략했습니다. 돌아올 땐 모두 걸어뜨기입니다.

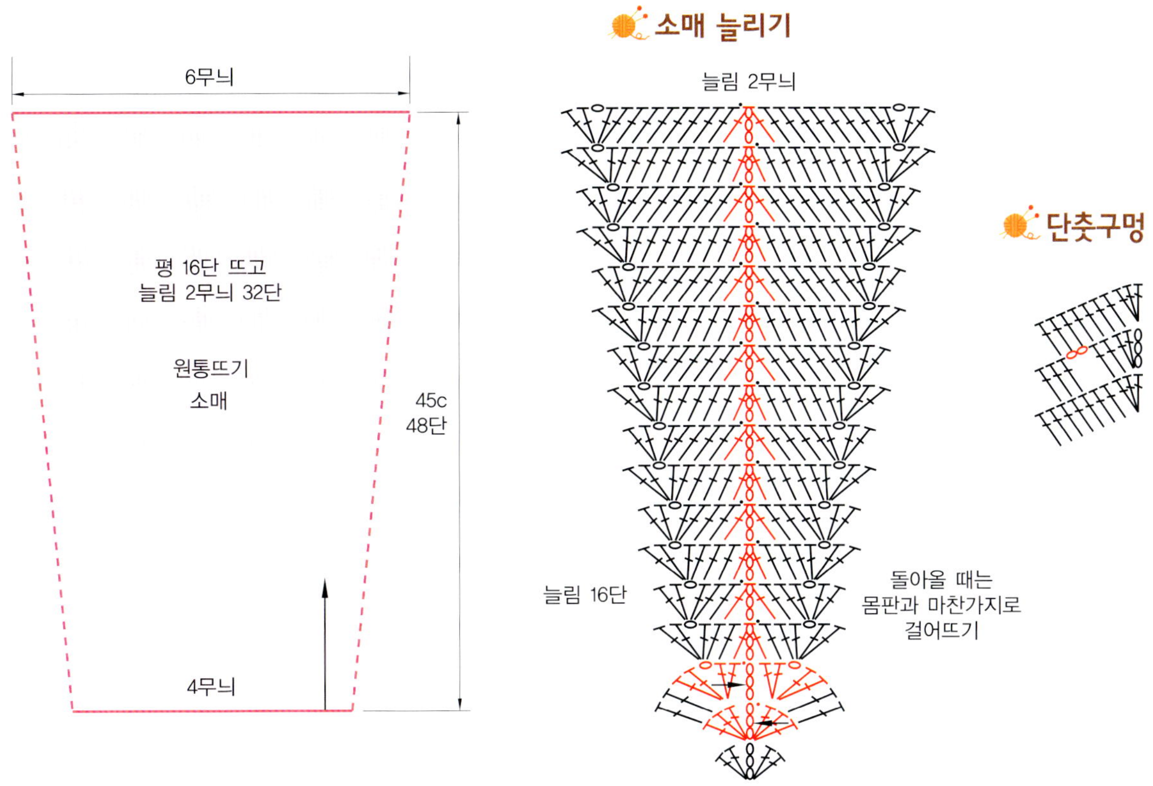

6무늬
평 16단 뜨고
늘림 2무늬 32단
원통뜨기
소매
45c
48단
4무늬
소매 늘리기
늘림 2무늬
늘림 16단
돌아올 때는
몸판과 마찬가지로
걸어뜨기
단춧구멍

마무리하기

1 어깨는 안쪽에서 빼드기로 잇습니다.(촘촘하지 않도록 함)

2 진동에 소매잇기는 돗바늘로 겉에서 감침질을 해 줍니다.(너무 당기지 않도록 함)

3 배색뜨기는 색마다 실을 끊어야 하므로 실 꼬리를 모두 안에서 정리하고 앞단에만 피코뜨기를 합니다.

오목한 곳 메우기

뒷고대와 앞목, 진동의 오목한 곳을 매워 줍니다.(단, 진동은 가운데 두길긴뜨기 3코 모아뜨기를 하지 않고 두길긴뜨기 3코를 나란히 뜹니다.)

배색하기

처음 사슬뜨기 파랑, 보라 1단, 주황 2단, 파랑 3단, 나염 1단, 보라 1단, 연두 2단, 파랑 1단, 나염 1단, 연두 1단, 주황 1단 … 14단 1세트로 위로 계속 반복해서 배색합니다.

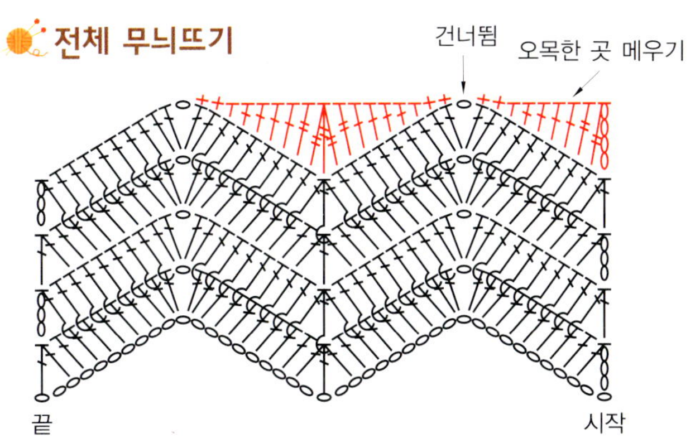

전체 무늬뜨기
건너뜀
오목한 곳 메우기
끝
시작

Kintting 10

뽀띠 볼레로

1. 앞 여밈 부분과 단추
2. 어깨 앞단 부분
3. 뒤판 전체 무늬
4. 소매 부분

뻐띠 볼레로

실 : 바야데르 – 핑크 240g
단추 : 23mm 2개
바늘 : 4mm, 4.5mm 대바늘
모사용 6호 코바늘
사이즈 : M(66)
게이지 : 22코 32단
작품 : 오혜경(양배추)

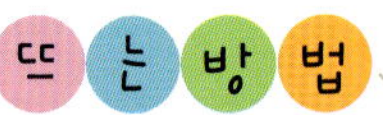
뜨는방법

● 몸판 뜨기

1 4mm 대바늘로 몸판 전체 일반코를 잡아 밑단 무늬 7cm를 뜨고, 4.5mm 대바늘로 바꿔 몸판 무늬뜨기를 진행합니다.

2 몸판 무늬를 배열하고 옆 중심선에 표시를 한 다음, 앞목은 바로 줄이면서 진행합니다.

3 진동 위치가 되면 표시해 둔 옆선을 중심으로 5코를 코 막음하고 좌우로 코 줄임하여 모두 11코를 없애 줍니다.

4 몸판이 완성되면 밑단을 제외한 몸판만 가볍게 스팀 다림질하고 어깨를 이어 줍니다.

5 4mm 대바늘로 오른쪽 앞단에서 코를 주워 앞단과 네크라인을 뜹니다. 앞단과 레크라인 경계선인 오목한 곳에서는 코 늘림하여 각을 만들어 줍니다.

6 4단째 돌아오면서 단춧구멍을 내어 주고 6단까지 뜬 후 코를 씌워서 막아 줍니다.

7 7호 코바늘로 전체 아웃라인에 피코뜨기를 떠서 마무리합니다.

● 소매 뜨기

1 몸판과 동일하게 시작하여 늘림하면서 소매를 완성합니다.

2 밑단을 제외하고 스팀 다림질한 다음 솔기를 잇고 몸판에 달아 줍니다.

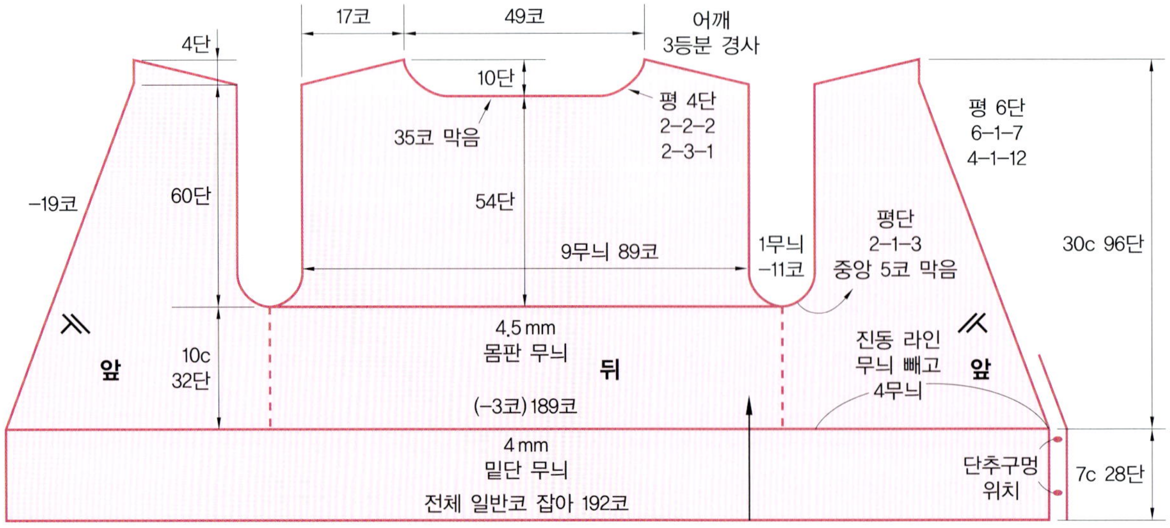
17코
49코
어깨
3등분 경사
4단
10단
평 4단
2-2-2
2-3-1
35코 막음
평 6단
6-1-7
4-1-12
-19코
60단
54단
평단
2-1-3
중앙 5코 막음
1무늬
-11코
9무늬 89코
30c 96단
4.5mm
몸판 무늬
(-3코) 189코
10c
32단
앞
뒤
앞
진동 라인
무늬 빼고
4무늬
4mm
밑단 무늬
전체 일반코 잡아 192코
단추구멍
위치
7c 28단

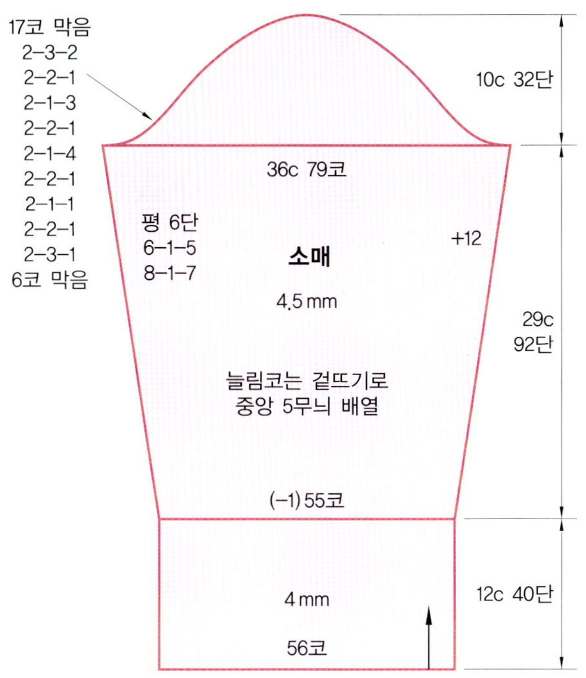

17코 막음
2-3-2
2-2-1
2-1-3
2-2-1
2-1-4
2-2-1
2-1-1
2-2-1
2-3-1
6코 막음
10c 32단
36c 79코
평 6단
6-1-5
8-1-7
소매
+12
4.5 mm
29c
92단
늘림코는 겉뜨기로
중앙 5무늬 배열
(-1) 55코
4 mm
12c 40단
56코

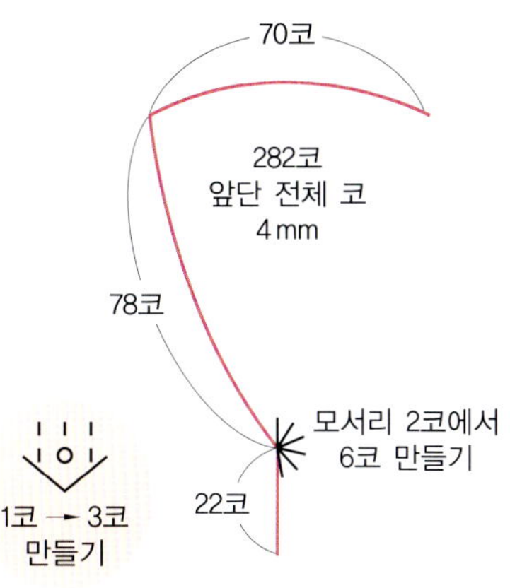

70코
282코
앞단 전체 코
4 mm
78코
모서리 2코에서
6코 만들기
22코
1코 → 3코
만들기

앞단 – 단춧구멍

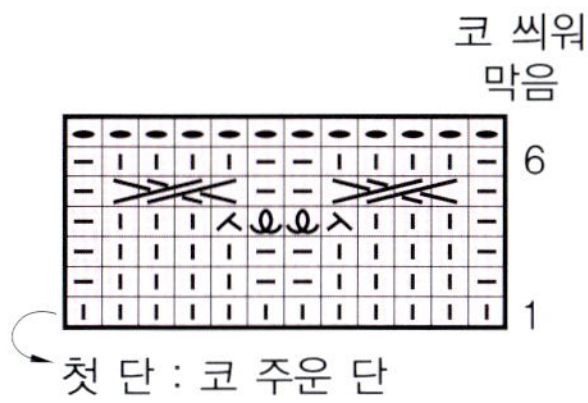

코 씌워
막음
6
1
첫 단 : 코 주운 단

밑단, 소매단 무늬

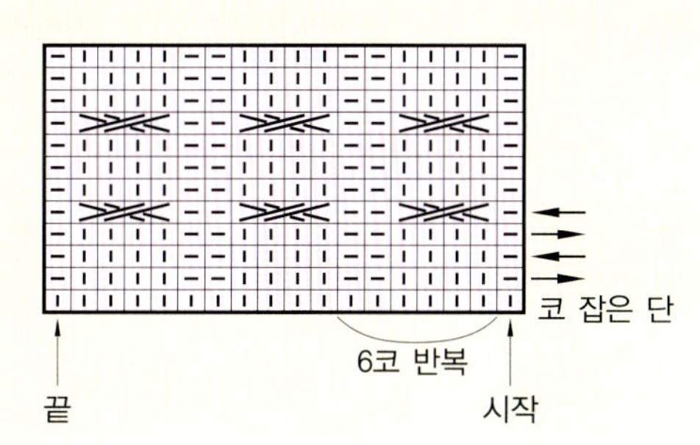

코 잡은 단
6코 반복
끝
시작

몸판, 소매 무늬

10코 16단 1무늬

16
15
10
5
1

10 5 1

Kintting 11

알파카 반코트 & 모자

1. 앞단과 칼라
2. 뒤판 전체 무늬
3. 주머니
4. 소매 부분

알파카 반코트

실 : 알파카 마일드 – 네이비 600g 2겹
단추 : 35mm 3개
바늘 : 6.5mm, 7mm 대바늘
사이즈 : M(66)
게이지 : 무늬 평균 16코 20.5단, 메리야스 13호 19단
작품 : 김문선(달해)

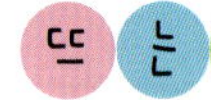

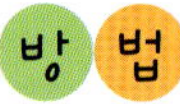

● 몸판 뜨기

1 7mm 바늘로 일반코를 176코 잡아 시작합니다.

2 앞단 C무늬 진행할 때의 첫 코는 뜨지 않습니다.

3 무늬 배열은 A무늬와 B무늬의 반복입니다.

4 38단을 도안대로 뜨고 양쪽에 주머니를 내어 줍니다.

＊오른쪽 주머니부터 뜨면서 B무늬의 안뜨기 코는 앞단 시작처럼 첫코를 뜨지 않으면서 24단을 진행합니다.

＊진행하는 동안 50단째 단춧구멍을 내 줍니다.

5 주머니 24단을 떴으면 오른쪽 코는 다른 바늘에 꿰어 놓고 다른 실로 왼쪽 주머니를 같은 위치까지 뜨고 실을 끊습니다.

6 남아 있는 뒤판은 무늬 사이 안뜨기 1코가 주머니 쪽으로 들어가 시접 코가 없으므로 뒤판의 양쪽 A무늬 끝에서 1코씩을 만들어 24단을 진행합니다.(뒤판 사이드 코는 모두 뜹니다.)

7 5번의 오른쪽에 있는 실로 전체 코를 모아 진행하는데 뒤판 주머니 위치에서 만들어 준 양쪽 1코는 줄임하여 처음과 같은 무늬 배열이 되도록 합니다.

＊진행하는 동안 단춧구멍을 잊지 마세요.

8 104단을 뜨고 진동 14코를 코 막음하여 앞판과 뒤판을 각각 완성합니다.

＊뒷고대는 코 막음합니다.

9 완성된 몸판은 약간 힘을 주어 눌러가며 상하좌우로 펴면서 스팀 다림질을 합니다.

10 어깨를 이어주고 목선에서 6.5mm 대바늘로 코를 주워 칼라 D무늬 30단을 뜬 다음 7mm 대바늘로 코 막음을 합니다. 칼라는 펴지 않고 눌러 스팀 다림질을 합니다.

11 칼라를 안으로 접어 목선 시접 라인에서 감침질하고 양쪽 뚫어진 부분도 감침질을 합니다.

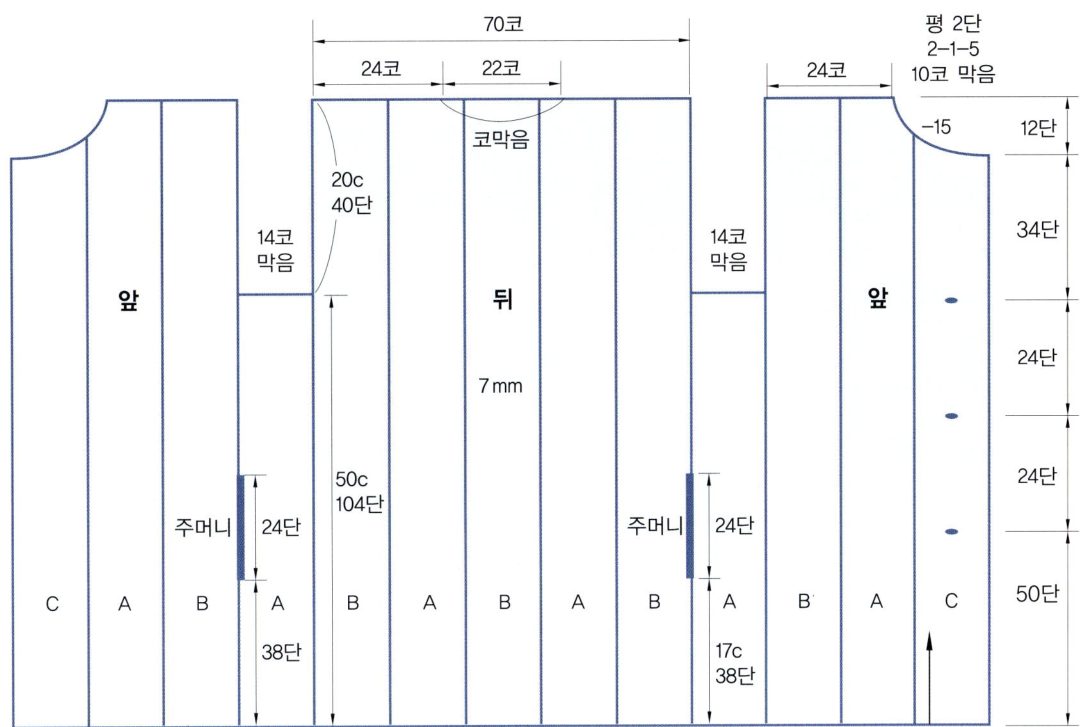
70코
24코
22코
평 2단
2-1-5
10코 막음
24코
코막음
-15
12단
20c
40단
14코
막음
14코
막음
34단
앞
뒤
앞
24단
7mm
24단
50c
104단
주머니
24단
주머니
24단
C
A
B
A
B
A
B
A
B
A
B
A
C
50단
38단
17c
38단
전체 110c 176코

전체 무늬

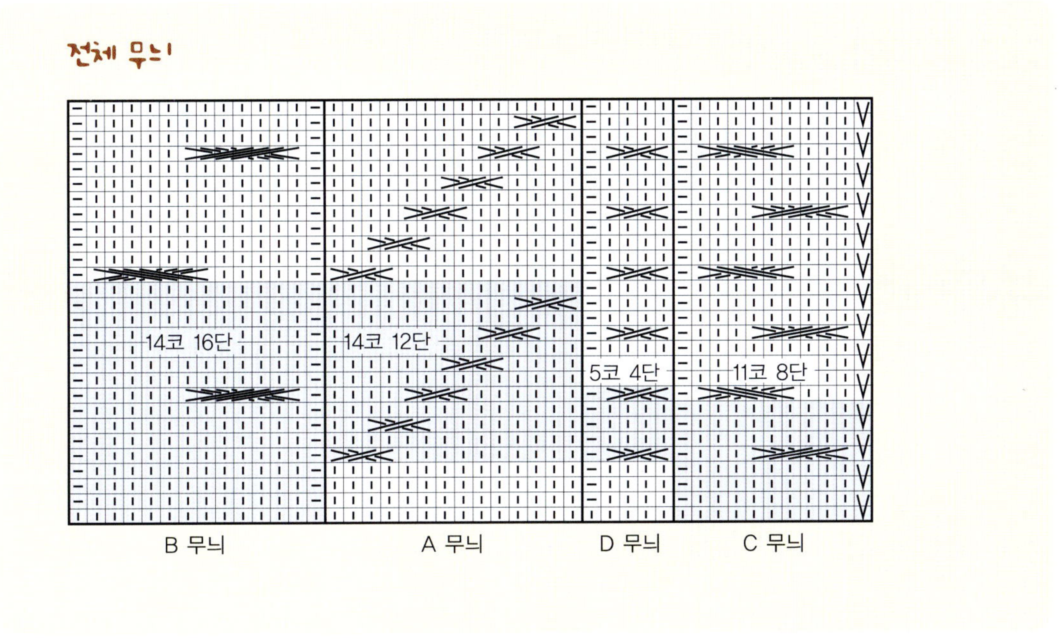
14코 16단
14코 12단
5코 4단
11코 8단
B 무늬
A 무늬
D 무늬
C 무늬

단춧구멍

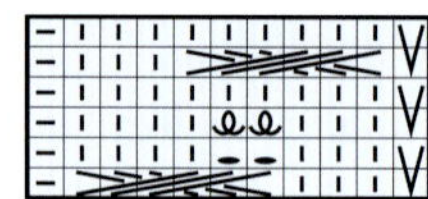

※ 첫 단춧구멍 49단 뜨고 50단째 돌아오면서
2코 막음. 5단째 2코 만들어 줌.

주머니 속 뜨기

1 뒤판 쪽 주머니 10cm 아래 몸판에서 안뜨기 라인의 한 가닥을 잡아 13코를 줍고 주머니 홀에서 17코를 주워 모두 30코를 26단 메리야스뜨기하고 코 막음을 합니다.

*코 막음이 촘촘하지 않도록 하고 다림질을 해 줍니다.

2 떠진 주머니 속 3면(위, 옆, 아래)을 앞판 쪽에 감침질을 합니다.

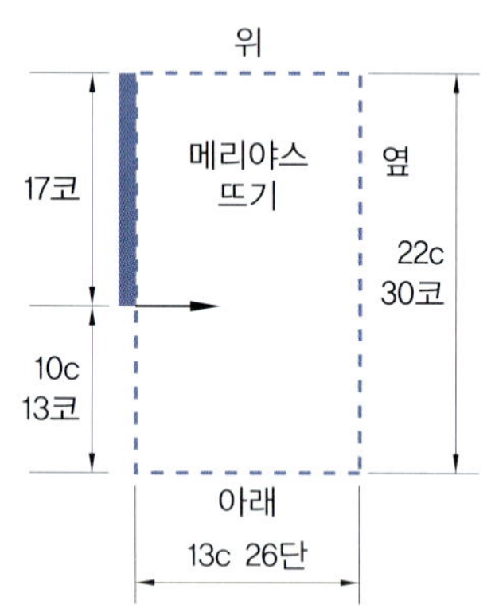
위
17코
메리야스
뜨기
옆
22c
30코
10c
13코
아래
13c 26단

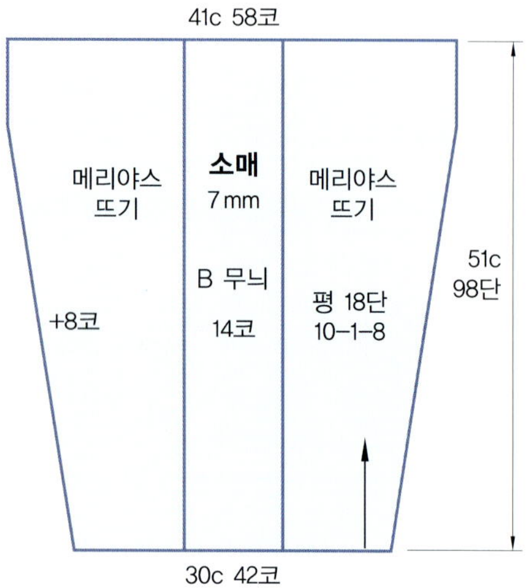
41c 58코
메리야스
뜨기
소매
7mm
B 무늬
14코
메리야스
뜨기
평 18단
10-1-8
+8코
51c
98단
30c 42코

칼 라

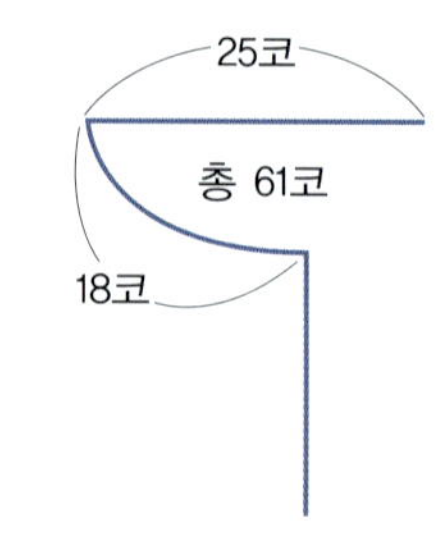
25코
총 61코
18코

칼라 무늬 배열

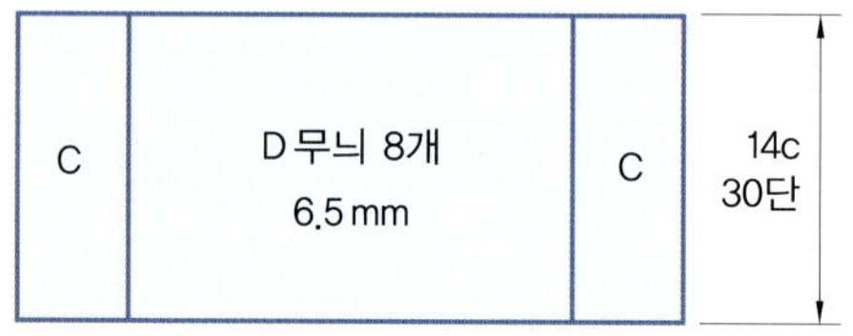
C
D무늬 8개
6.5mm
C
14c
30단

소매 뜨기

1 7mm 바늘로 일반코를 잡아 중앙에 B무늬를 넣고 양쪽으로 메리야스뜨기를 합니다.

2 소매길이는 마지막 평단에서 조절하며 촘촘하지 않도록 코 막음을 합니다.

3 스팀 다림질을 한 다음 아래 그림과 같이 진동의 'L' 자에 끼워지듯이 소매를 이어주고 소매 솔기를 잇습니다.

소매 연결하기

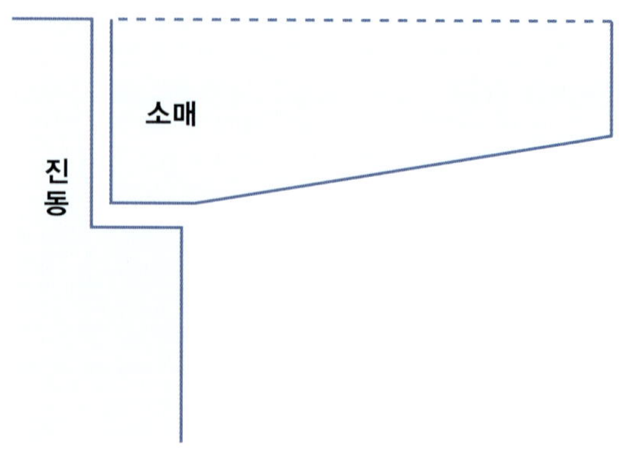
소매
진동

알파카 모자

실 : 알파카 마일드 - 네이비 600g 2겹
바늘 : 6.5mm, 7mm 대바늘
사이즈 : M(66)
게이지 : 13코 19단

1 6.5mm 대바늘로 1코 고무뜨기 74코로 시작합니다.
2 배색은 줄임 들어가는 부분에서 2단씩 번갈아 뜹니다.
3 모두 줄임하고 10코가 남으면 다른 실을 꿰어 둡니다. 솔기를 이은 다음 꿰어 놓은 실을 잡아 당겨 매듭 짓습니다.

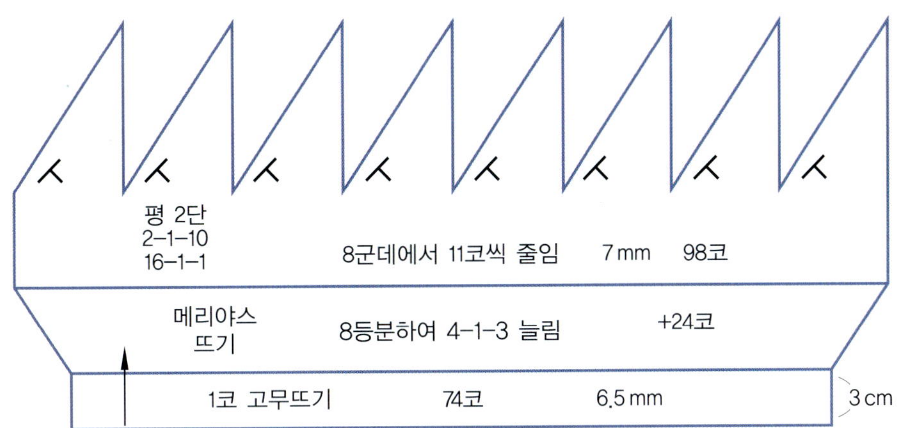
평 2단
2-1-10
16-1-1
8군데에서 11코씩 줄임
7mm
98코
메리야스 뜨기
8등분하여 4-1-3 늘림
+24코
1코 고무뜨기
74코
6.5mm
3cm

Kintting 12

모헤어 목폴라

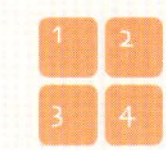

1. 앞목 부분
2. 뒷목 부분
3. 소매 부분
4. 전체 무늬

모헤어 목폴라

실 : 유기농 필드 화이트 320g 과 엑셀런트 모헤어5 140g 을 1겹씩 섞어 사용

바늘 : 5.5mm 대바늘

사이즈 : M(66)

게이지 : 18코 22단

작품 : 오혜경(양배추)

뜨는방법

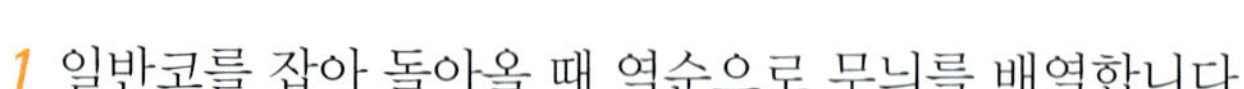

1 일반코를 잡아 돌아올 때 역순으로 무늬를 배열합니다.

2 겉뜨기 라인의 양사이드는 시접 안쪽에서 줄임하고, 중앙 두 군데는 모아지도록 줄임합니다.

3 코 늘림은 양사이드에서만 합니다.

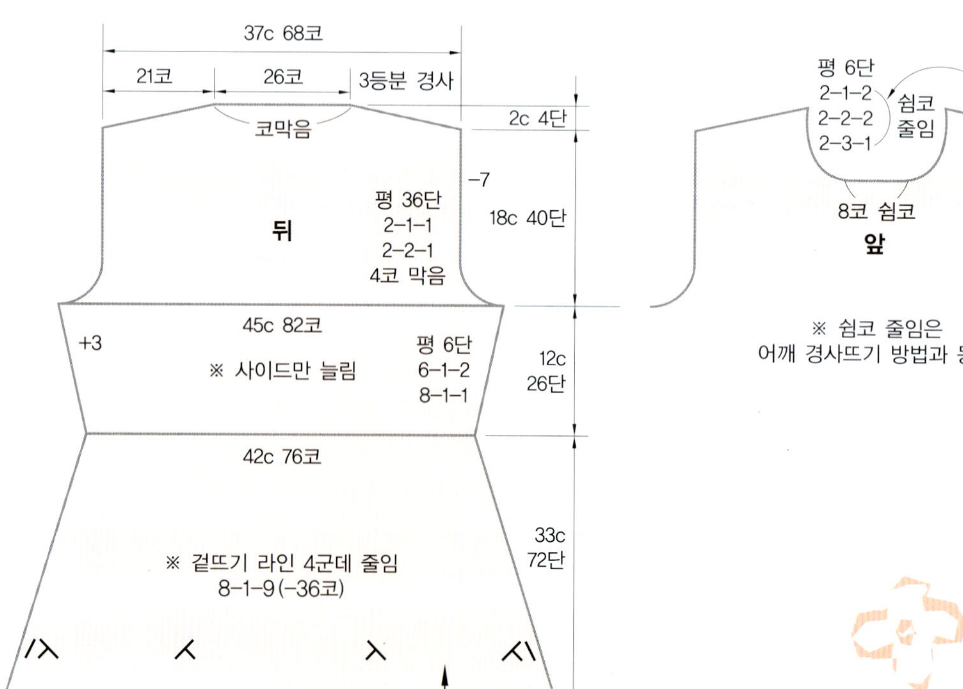
37c 68코
21코
26코
3등분 경사
2c 4단
코막음
-7
18c 40단
평 36단
2-1-1
2-2-1
4코 막음
뒤
45c 82코
+3
※ 사이드만 늘림
평 6단
6-1-2
8-1-1
12c
26단
42c 76코
※ 겉뜨기 라인 4군데 줄임
8-1-9(-36코)
33c
72단
62c 112코
평 6단
2-1-2
2-2-2
2-3-1
쉼코
줄임
7c 14단
8코 쉼코
앞
※ 쉼코 줄임은
어깨 경사뜨기 방법과 동일

겉뜨기 13코 / 무늬 20코 / 겉뜨기 13코 / 무늬 20코 / 겉뜨기 13코 / 무늬 20코 / 겉뜨기 13코

칼 라

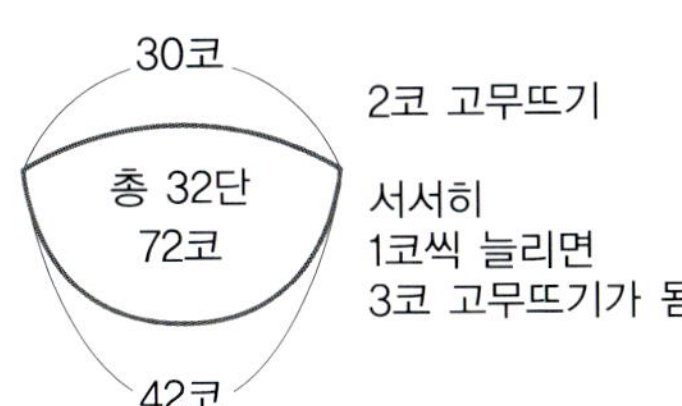
30코
총 32단
72코
42코
2코 고무뜨기
서서히
1코씩 늘리면
3코 고무뜨기가 됨

칼라 코 늘림

1 14단 뜨고 겉에서 보이는 안뜨기 라인 1개씩 건너 1코씩 늘립니다.

2 6단 뜨고 1에서 늘리지 않은 안뜨기 라인에서 1코씩 늘립니다.

3 6단 뜨고 겉에서 보이는 겉뜨기 라인 모두 1코씩 늘립니다.(평 6단)

4 한 사이즈 큰 바늘로 코 막음을 합니다.

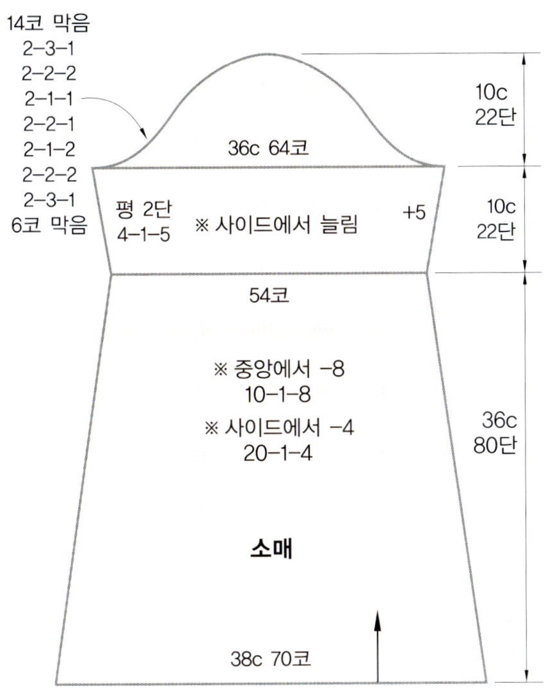
14코 막음
2-3-1
2-2-2
2-1-1
2-2-1
2-1-2
2-2-2
2-3-1
6코 막음
36c 64코
10c
22단
평 2단
4-1-5
※ 사이드에서 늘림
+5
10c
22단
54코
※ 중앙에서 -8
10-1-8
※ 사이드에서 -4
20-1-4
36c
80단
소매
38c 70코
겉뜨기 9코 / 무늬 20코 / 겉뜨기 12코 / 무늬 20코 / 겉뜨기 9코

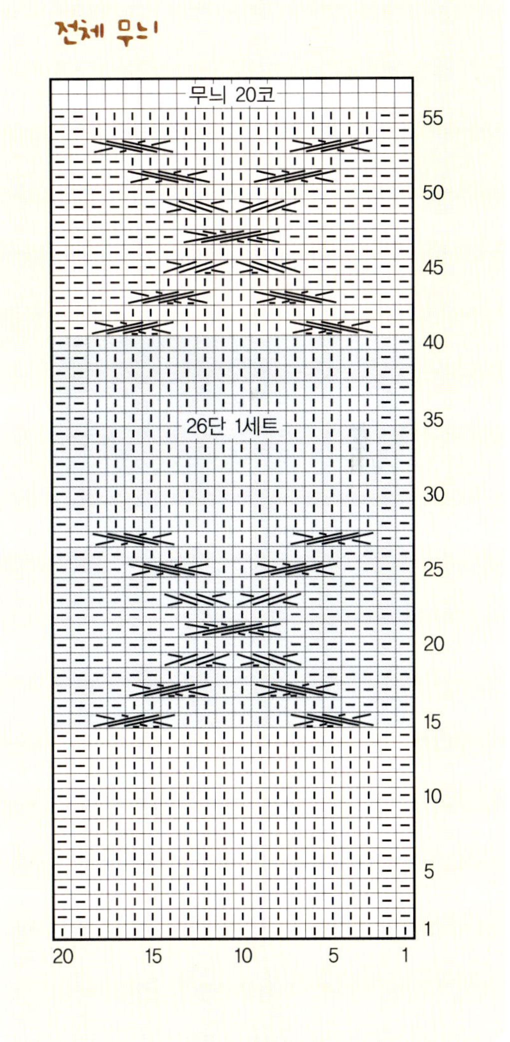
전체 무늬
무늬 20코
26단 1세트
55
50
45
40
35
30
25
20
15
10
5
1
20
15
10
5
1

▶▶ 칼라, 밑단, 소매 아웃라인

칼라, 밑단, 소매의 아웃라인은 피코뜨기로 마무리합니다.

※ 피코뜨기

(1) 사슬뜨기 3코

(2) 1번 코에 짧은뜨기

(3) 소매, 밑단은 3칸마다 빼뜨기
칼라는 3칸, 2칸 번갈아가며 빼뜨기

Kintting 13

핑크팻 카디건

1. 앞목 부분
2. 뒷판 전체
3. 하단 여밈 부분과 아프리케
4. 하단 주머니 부분

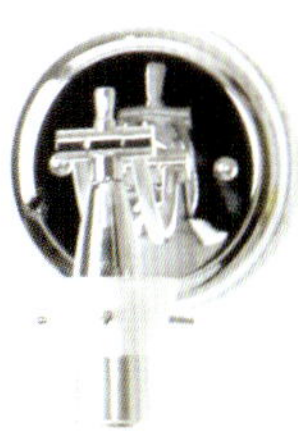

핑크팻 카디건

실 : 램소프트 – 그린 400g, 브라운 50g, 토핑몰 – 브라운 100g
램소프트 그린색과 토핑몰 1겹씩 섞어 사용
단추 : 35mm 2개
액세서리 : 강아지 아플리케 핑크 1개, 블랙 1개
바늘 : 4.5mm, 5.5mm 대바늘
사이즈 : M(66)
게이지 : 15코 20단

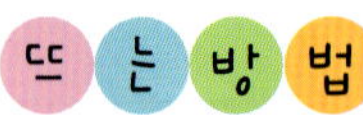

뜨 는 방 법

● **몸판 뜨기**

1 5.5mm 바늘로 일반코를 잡아 1코 고무뜨기로 3cm를 뜹니다.
2 그 다음부터는 메리야스뜨기로 진행하면서 뒷판을 완성합니다.
3 앞판은 앞단 고무뜨기 8코를 함께 진행하면서 고무단의 첫코는 진행단에서는 뜨지 않고 빼 줍니다. 오른쪽 앞단은 단춧구멍을 내면서 진행합니다.
4 스팀 다림질로 모양을 잡아 줍니다.
5 어깨를 잇고 옆선은 도안의 표시선까지 잇습니다.
6 4.5mm 바늘을 사용해 배색실로 네크라인에서 코를 주워 1코 고무뜨기하면서 ★표시(도안 참조)가 된 지점에서는 3코 중심모아뜨기로 코를 줄여 오목한 모양이 되도록 합니다. 약 3cm 가량을 뜨고 씌워서 마무리합니다.
7 맨 위의 단추는 네크라인 3단째에 달아줍니다.

*이 옷은 앞, 뒤 구분 없이 입는 것입니다.

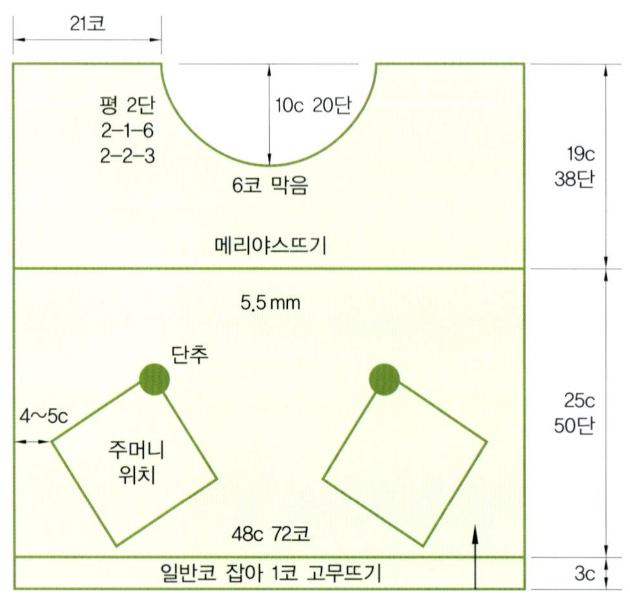

21코
평 2단
2-1-6
2-2-3
10c 20단
6코 막음
19c
38단
메리야스뜨기
5.5mm
단추
4~5c
주머니
위치
25c
50단
48c 72코
일반코 잡아 1코 고무뜨기
3c

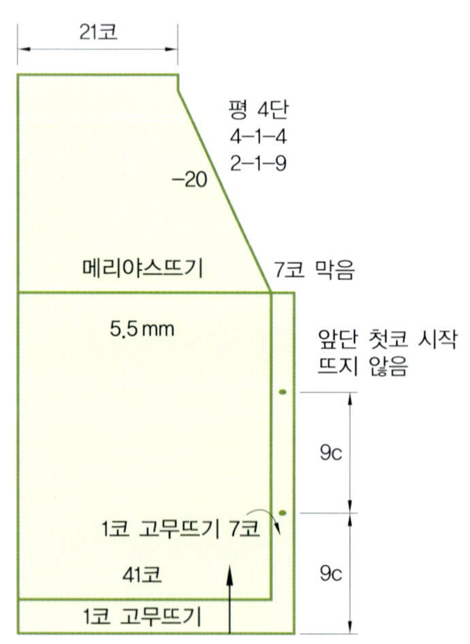

21코
평 4단
4-1-4
2-1-9
-20
메리야스뜨기
7코 막음
5.5mm
앞단 첫코 시작
뜨지 않음
9c
1코 고무뜨기 7코
41코
9c
1코 고무뜨기

주머니 뜨기와 마무리

1 4.5mm 대바늘을 사용해 배색실로 주머니 두 장을 떠서 뒤판에 도안과 같이 비스듬히 꿰매고 장식 단추를 달아 줍니다.

2 핑크팻 강아지 아플리케는 앞단 좌우에 색깔이 맞는 일반 바느질 실로 꿰매 줍니다.

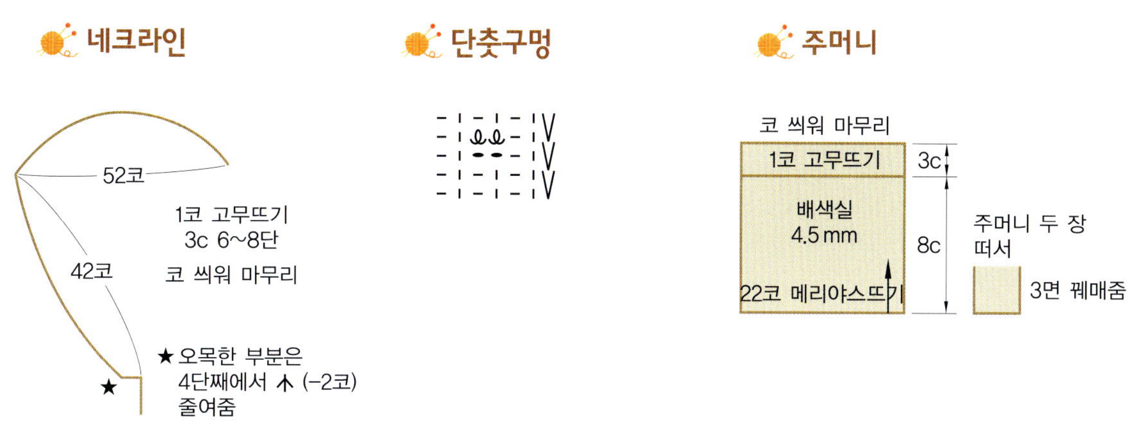

네크라인
52코
1코 고무뜨기
3c 6~8단
42코
코 씌워 마무리
★오목한 부분은
4단째에서 ᄉ (−2코)
줄여줌
단춧구멍
주머니
코 씌워 마무리
1코 고무뜨기
3c
배색실
4.5mm
8c
22코 메리야스뜨기
주머니 두 장
떠서
3면 꿰매줌

코 씌워 마무리
배색실로 1코 고무뜨기 4.5mm
3c 6~8단
29c 44코
−7코
소매
평 10단
10−1−2
12−1−5
45c
90단
메리야스뜨기
5.5mm
38c 58코
진동에서 코 주워 진행

소매 뜨기

1 5.5mm 대바늘로 몸판 진동에서 바로 코를 주워 아래로 줄임하면서 진행합니다.

2 소맷부리는 4.5mm 대바늘로 1코 고무뜨기 3cm 가량 뜨고 코를 씌워 마무리합니다.

3 소매 솔기를 감침질로 잇습니다.

Kintting 14

바야데르 풀오버

1. 앞목 부분과 단추
2. 전체 무늬
3. 소매와 진동 부분
4. 옆라인 경사 부분

바야데르 풀오버

실 : 바야데르 – 브라운 440g,
옐로우 20g
단추 : 30mm 3개
바늘 : 4.5mm 대바늘
모사용 6호 코바늘
사이즈 : M(66)
게이지 : 23코 28단
작품 : 김문선(달해)

뜨
는
방
법

● 몸판 뜨기

1 앞, 뒤판 모두 풀어내는 코로 시작합니다.

*매끈한 실로 사슬뜨기한 후 사슬 뒤 볼록한 코에 넣어 겉뜨기하는 방법으로 코를 줍고 사슬은 풀지 않고 그대로 둡니다.

2 3코 꽈배기 안뜨기는 27단과 49단에서 줄여 없어지고 65단에서 3코 꽈배기 1코를 줄여 2코 꽈배기로 진행하다가 83단에서 양쪽 꽈배기를 합쳐 4코 꽈배기로 계속 진행합니다.

3 앞판은 122단을 뜨고 앞트임을 합니다. 중앙 꽈배기 라인에 시접 1코를 더하므로 진동 라인 콧수 절반에 3코가 더해집니다. 도안(136쪽, 전체 무늬)의 핑크색 라인은 앞단 사이드 라인입니다. 오른쪽부터 진행하고 3군데 단춧구멍을 내 줍니다. 반대편 왼쪽은 오른쪽 완성된 곳과 같은 라인 뒤에서 3코를 주워 남은 49코와 함께 진행합니다.

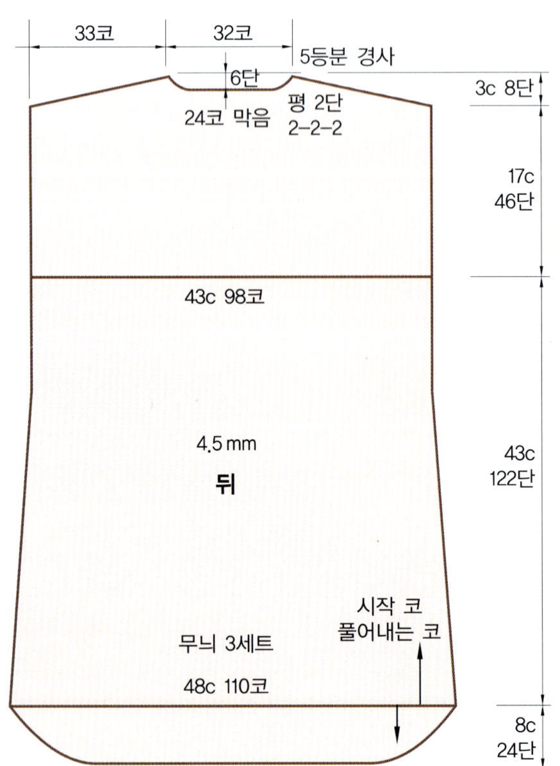

33코
32코
5등분 경사
6단
24코 막음
평 2단
2-2-2
3c 8단
17c
46단
43c 98코
4.5 mm
뒤
43c
122단
시작 코
풀어내는 코
무늬 3세트
48c 110코
8c
24단

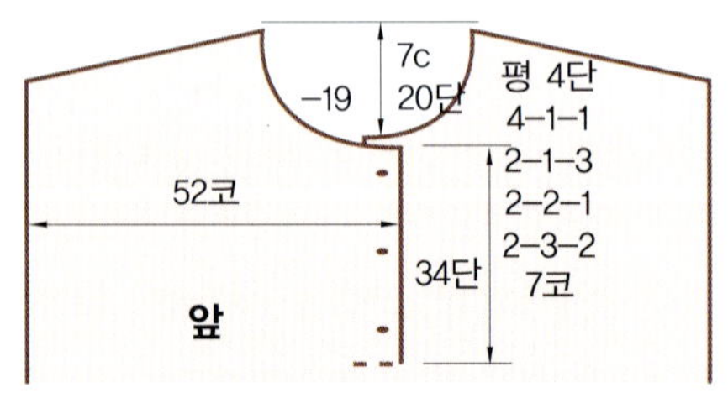

7c
20단
-19
평 4단
4-1-1
2-1-3
2-2-1
2-3-2
7코
52코
34단
앞

※ 앞트임은 진동 라인과 동일

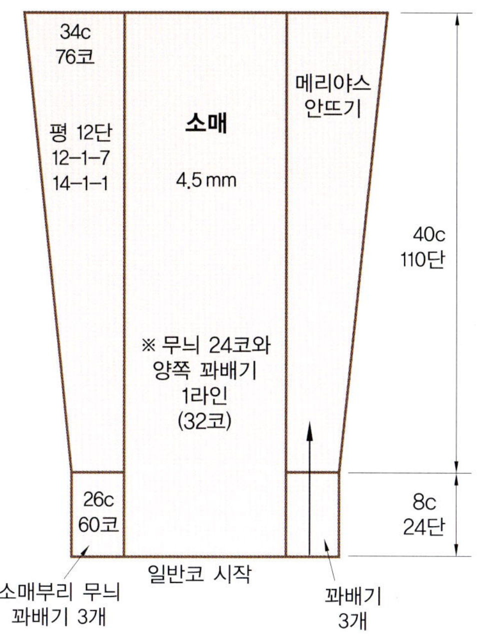
34c
76코
메리야스
안뜨기
평 12단
12-1-7
14-1-1
소매
4.5mm
40c
110단
※ 무늬 24코와
양쪽 꽈배기
1라인
(32코)
26c
60코
8c
24단
일반코 시작
소매부리 무늬
꽈배기 3개
꽈배기
3개

칼 라

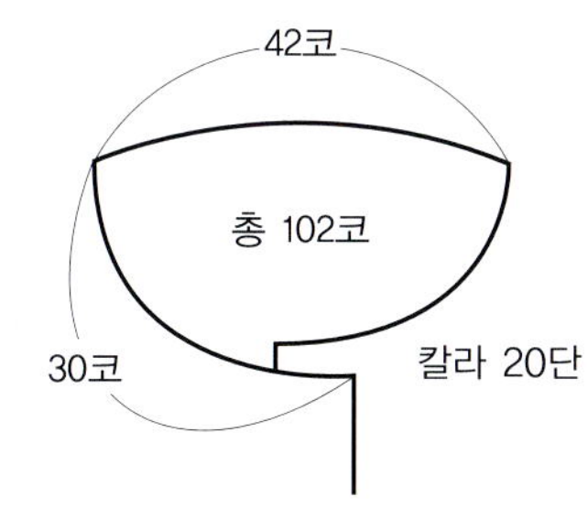
42코
총 102코
30코
칼라 20단

소맷부리 칼라무늬

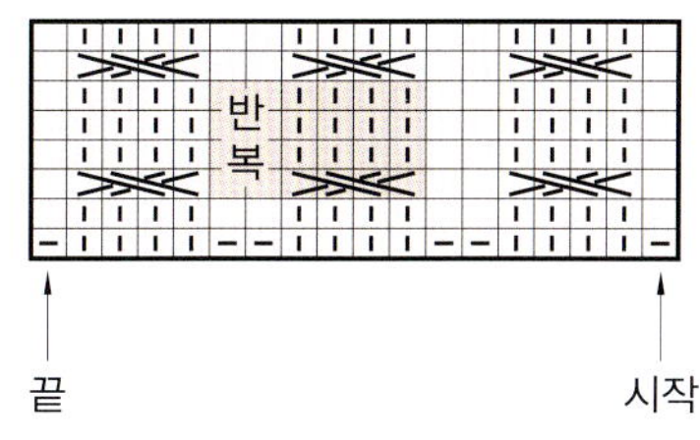
반
복
끝
시작

4 뒷고대는 코를 씌어 줄임하고, 앞은 쉼코 줄임하여 솔기가 생기지 않도록 합니다.

*쉼코 줄임은 어깨 경사뜨기 방법과 동일합니다.

5 어깨를 잇고 가볍게 스팀 다림질한 다음 122단까지만 앞뒤 솔기를 잇습니다.

6 목에서 코를 주워 칼라 20단을 뜨고 코 막음합니다.

*칼라 오른쪽에 몸판 단춧구멍 간격에 맞춰 단춧구멍 한 개를 내줍니다.

7 뒤판 하단의 사슬을 풀어 밑 코를 주워 4단을 뜹니다. 아래로 뜰 때는 꽈배기 없이 겉뜨기 라인은 겉뜨기만, 안뜨기 라인은 안뜨기만 뜹니다.

8 4단을 뜨고 앞 중앙 60코를 코 막음(촘촘해지지 않도록 주의)하고 겉에서 진행하면서 오른쪽에서 5코, 돌아가는 방향인 왼쪽에서 5코 양쪽으로 5코씩 24단까지 양쪽 각 60코씩 줄임하고 뒤 중앙 남은 36코는 코 막음을 합니다.

소매 뜨기

1 일반코 60코를 잡아 시작합니다.

2 중앙에 메인 무늬 24코를 두고 양쪽으로 4코 꽈배기와 안뜨기 2코를 배열합니다. 시작은 시접코 포함하여 안뜨기 2코로 합니다.

3 24단을 뜨고 중앙 메인 무늬 24코 양쪽에 꽈배기 라인은 계속 진행하고 나머지 코는 안뜨기하며 늘림하고 코 막음하여(안뜨기 쪽 촘촘해지지 않도록 주의) 마무리합니다.

4 가볍게 스팀 다림질을 하고 솔기를 이은 다음 몸판에 연결합니다.

단춧구멍

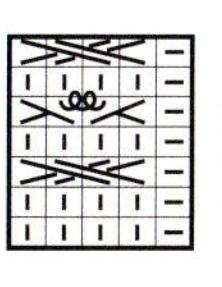

코 줄임하고
2코 만든 다음
코 늘림

아웃라인

되돌아짧은뜨기+사슬 1코

몸판 코

전체 무늬

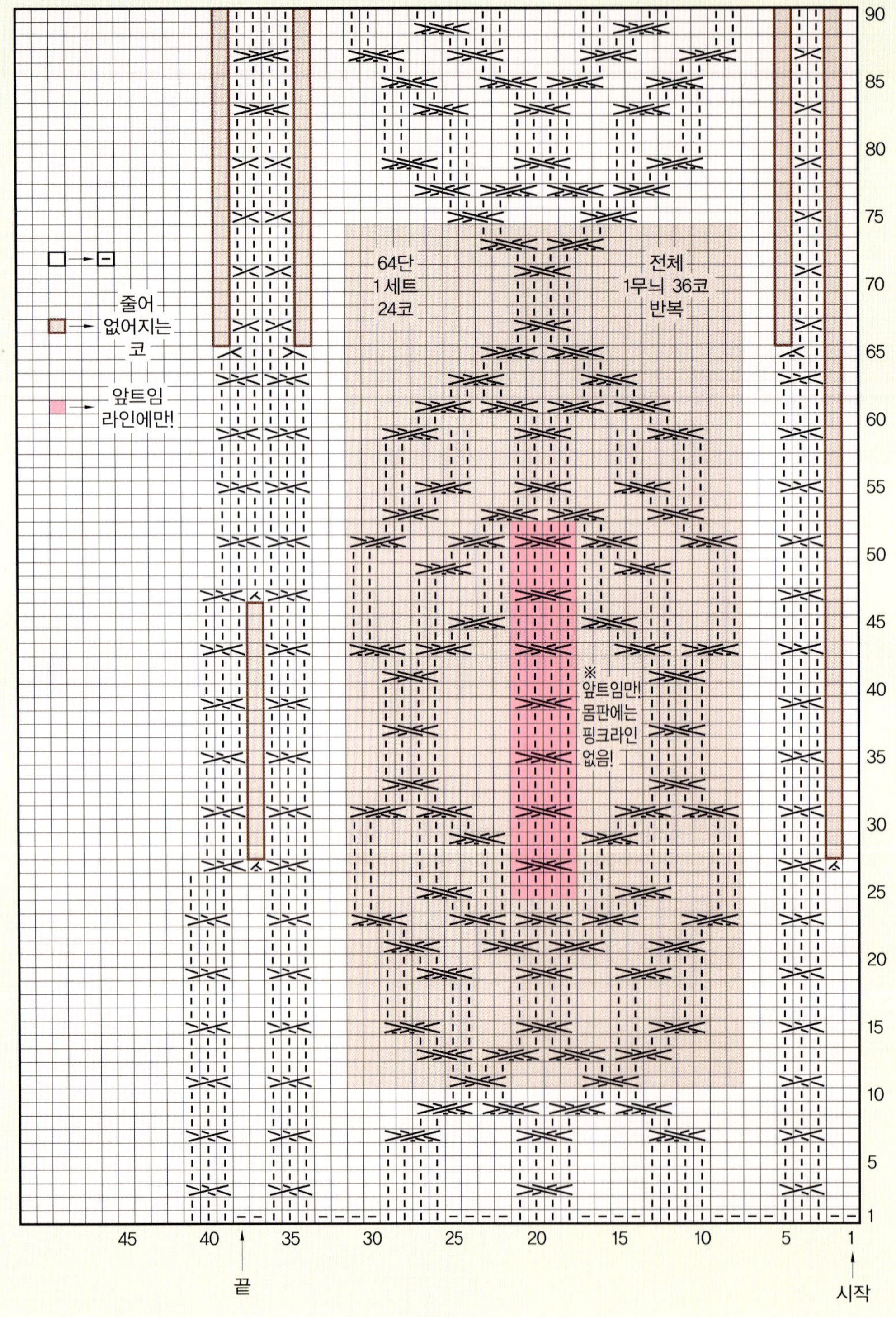

64단
1세트
24코
전체
1무늬 36코
반복
줄어
없어지는
코
앞트임
라인에만!
※
앞트임만!
몸판에는
핑크라인
없음!
끝
시작

편물 용구

- **수편기 :** 빨리 뜰 수 있는 장점이 있어 여러 장을 뜰 경우에 편리하다. 현재는 거의 동침형(動針型)이며, 편판기(片板機)와 양판기(兩板機)의 2종류가 있다.
- **대바늘 :** 대나무 · 플라스틱 · 경금속 제품이 있으며 굵기도 다양하다. 캡이 달린 2개가 한 조로 된 바늘은 평면적인 것을 뜰 때 쓰고, 4개가 한 조인 바늘은 캡이 없고 원통형을 뜨는 데 사용한다. 경금속 고리바늘은 바늘 경계부분의 코가 늘어나지 않게 뜨기 위하여 고안된 것으로, 바늘을 바꾸지 않고 원통형으로 뜰 수 있다.
- **코바늘 :** 대나무 · 뿔 · 금속 · 플라스틱 제품이 있으며 끝이 갈고리 모양으로 되어 있다. 갈고리의 굵기에 따라 금속제는 1~8호까지, 뿔제 · 플라스틱제 · 대나무제는 1~12호까지 있고 호수가 클수록 굵어진다. 8호 이상은 아프간바늘을 사용한다.
- **아프간바늘 :** 대나무와 경금속제가 있으며 바늘 한끝이 갈고리 모양이며, 나머지 한쪽은 뾰족하거나 캡이 달려 있다. 1~12호까지 있으나 15호나 30호 등 굵은 것도 있고, 갈고리가 굵어질수록 호수가 커진다.
- **레이스바늘 :** 금속제로 0~12호까지 있으며, 레이스실이나 가는 실을 뜰 때 쓴다.
- **모사 돗바늘 :** 바늘귀에 구멍이 세로로 크게 뚫려 있어 털실을 꿰맬 때 사용한다.

섬유의 종류

식물성 섬유

식물성 섬유에는 무명 · 마 · 라미 · 인견 · 스테이플파이버 · 종이 · 야자 등이 있다. 모사보다 신축성은 떨어지나 보온성과 흡습성이 뛰어나고 견고하다는 장점이 있다.

동물성 섬유

동물성 섬유에는 양모 · 캐시미어 · 앙고라 · 캐멀 · 알파카 · 견 · 아스트라칸 · 모헤어 등이 있다. 이 가운데 양모인 모사는 가볍고 보온성과 흡수성이 뛰어나고 탄력성이 있어 가장 많이 사용되고 있다.

동물성 섬유는 쉽게 줄어들고 해충에 약한 단점을 지니고 있지만, 합성섬유의 혼방사가 이를 보완해 주고 있다.

Kintting 15

벌룬 코트

1
2
3
4

1. 앞목 부분
2. 앞단 무늬
3. 밑단, 전체 무늬
4. 벌룬 소매 부분

벌룬 코트

실 : 스타메트위드 – 카키 800g
단추 : 28mm 5개
바늘 : 4.5mm, 5mm 대바늘, 모사용 6호 코바늘
사이즈 : M(66)
게이지 : 25코 27단

뜨는방법

1 4.5mm 대바늘 하나로 일반코를 시작 콧수만큼 잡습니다.

2 2단째에 뒤에서 돌아오면서 무늬 배열을 맞춥니다.

3 3단째 앞면에서 동그란 체인무늬가 들어갈 자리에 1코씩을 바늘비우기로 늘리면서 전체 콧수를 맞춥니다.

4 밑단뜨기를 24단 뜨되 꽈배기가 들어갈 자리에는 23단째부터 모두 겉뜨기를 합니다.

5 5mm 대바늘로 바꾸고 25단째에 꽈배기를 뜨기 시작합니다. 12코 꽈배기는 4단이 한 세트이므로 단수 세기가 쉽도록 4의 배수가 되도록 하였습니다.

*A라인으로 뜨시는 분은 밑단을 뜨지 않고 바로 전체 콧수를 잡아 몸판 무늬 20단을 뜨고 꽈배기를 시작하여 12코 꽈배기 4개를 만듭니다.

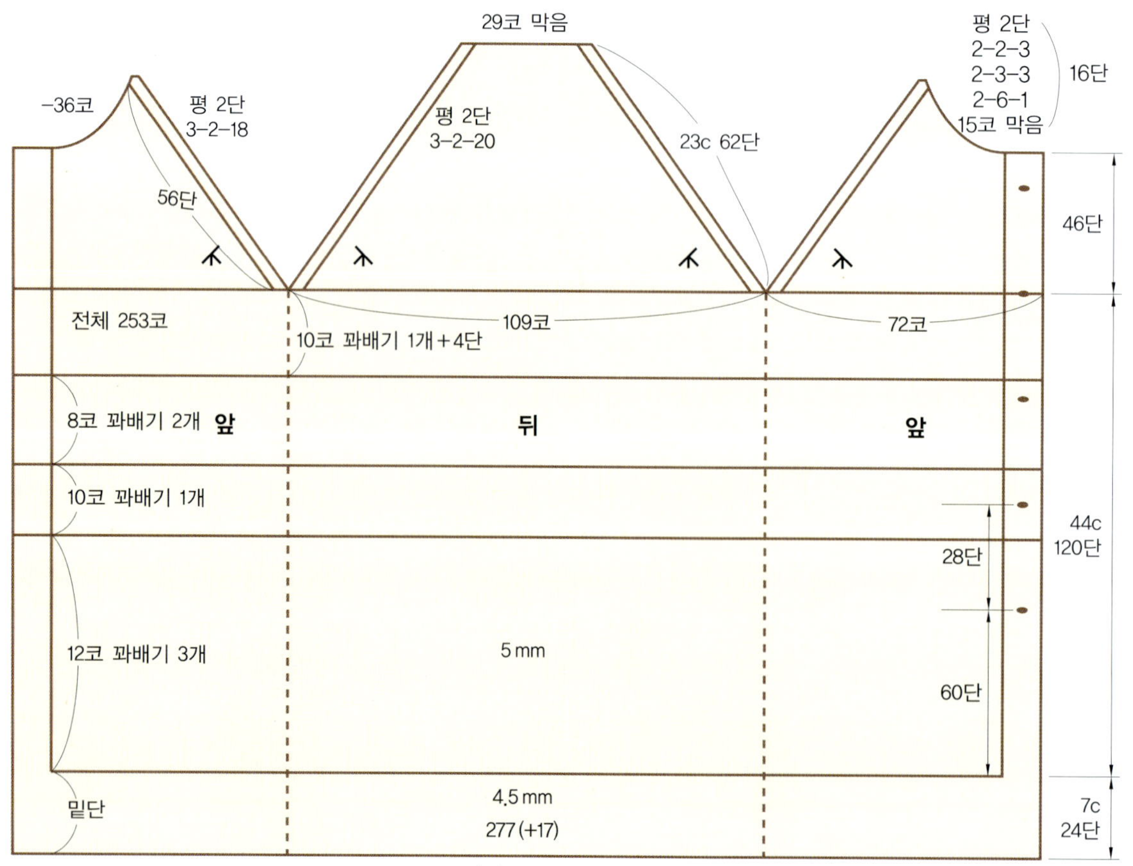

29코 막음
평 2단
2-2-3
2-3-3
2-6-1
15코 막음
16단
-36코
평 2단
3-2-18
평 2단
3-2-20
23c 62단
56단
46단
전체 253코
109코
72코
10코 꽈배기 1개+4단
8코 꽈배기 2개
앞
뒤
앞
10코 꽈배기 1개
28단
44c
120단
12코 꽈배기 3개
5mm
60단
밑단
4.5mm
277(+17)
7c
24단
시작코 260코

단춧구멍

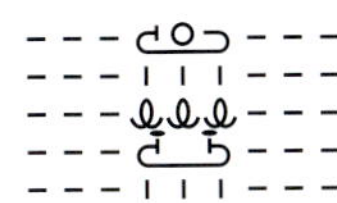

앞단 코바늘 마무리

앞단 코바늘 마무리

되돌아 짧은뜨기

칼 라

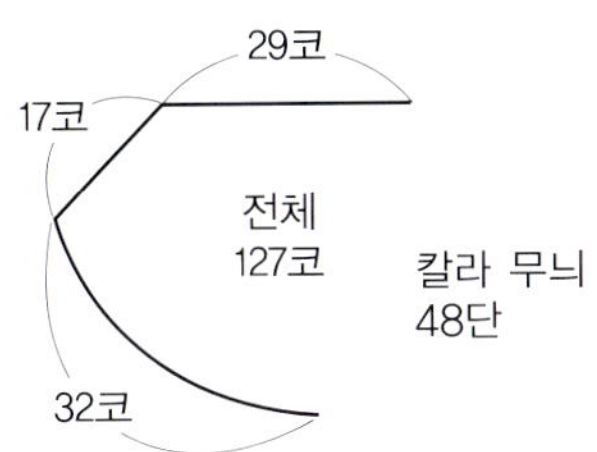
29코
17코
전체
127코
칼라 무늬
48단
32코

6 단춧구멍은 처음 15번째 체인무늬에서 만들고 7번째마다 4개 더 만듭니다. 체인무늬는 1번 코를 2, 3코에 씌어 [겉뜨기, 바늘비우기, 겉뜨기]를 만드는 과정이지만 단춧구멍에서는 바늘비우기를 생략하고 바로 2코를 씌어 코 막음하고 돌아오는 단에서 3코를 만들어 줍니다.

7 12코 꽈배기를 4번째 꼬면서 바로 같은 단에서 1, 2번 코를 줄이고 6, 7번 코를 줄입니다. 10코 꽈배기 줄임은 1, 2번 코와 5, 6번 코, 8코 꽈배기 줄임은 1, 2번 코와 4, 5번 코를 줄입니다. 전체 무늬 도안에는 같은 단수에 그리기가 비좁아 바로 윗단에 줄임 표시가 되어 있습니다.

8 10코 꽈배기는 1개만 만들고 8코 꽈배기는 2개를 만듭니다. 키가 크거나 허리가 긴 분은 3개를 만듭니다.

9 8코 꽈배기에서 10코 꽈배기로 코 늘림(143쪽, 도안 참조)을 합니다. 코 늘림은 꽈배기를 하고 돌아오는 단에서 바늘비우기로 늘립니다. 그 위로는 모두 10코 꽈배기입니다.

10 진동 줄임은 옆 중심 위치를 참고하여 몸판에만 체인무늬를 살려 줄입니다. 3단마다 2코씩 줄이므로 앞에서 한 번, 뒤에서 한 번 줄이게 됩니다. 이때 안뜨기가 나오는 부분은 안뜨기가 나오도록 줄이고, 겉뜨기가 나오는 부분은 겉뜨기가 되도록 줄입니다.(코 세워 줄임 아님)

옆 중심 위치

진동 뜨기

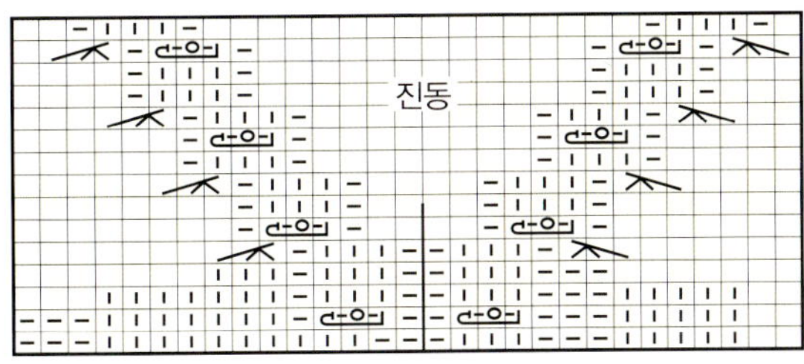
진동

11 소매단은 4.5mm 대바늘로 3cm를 뜨고 소매단 무늬는 마지막 돌아오는 단에서 16코(17코, 15코) 균등하게 코 늘림을 합니다.

12 5mm 대바늘로 안뜨기 1코 [걸뜨기 3코(체인무늬), 안뜨기 7코] 반복, 안뜨기 1코(좌우대칭)로 무늬 배열하여 4단을 뜨고 체인무늬 사이사이의 안뜨기에서 4코씩을 더 늘려 전체 콧수를 맞춥니다. 전체 무늬 배열은 아래 소매 무늬 좌, 우 그림과 같습니다.

13 40단(소매 길이 줄이기 36단)을 뜨고 체인무늬 사이 안뜨기 전체에서 1코씩 줄이고 8단마다 1코씩 3번 더 줄입니다. 그 위로 28단(소매 길이 줄이기 조절)을 뜨고 2, 4, 6번째 안뜨기 라인에서 1코씩 늘리고 12단 뜬 뒤 1, 3, 5, 7번째 라인에서 1코씩 늘린 다음 평단 12단을 뜹니다.

*벌룬 소매는 일반 소매보다 3~5cm 길어야 합니다.

14 소매산 줄임은 시접 1코를 뜨고 2단마다 1코씩 줄입니다.(코 세워 줄임 아님)

15 칼라 전체 코를 줍고 7~8cm 48단 뜬 다음 코 막음하고, 6호 코바늘로 양쪽 앞단에만 되돌아짧은뜨기한 다음 칼라를 안으로 접어 목선 솔기가 보이지 않도록 감침질합니다.

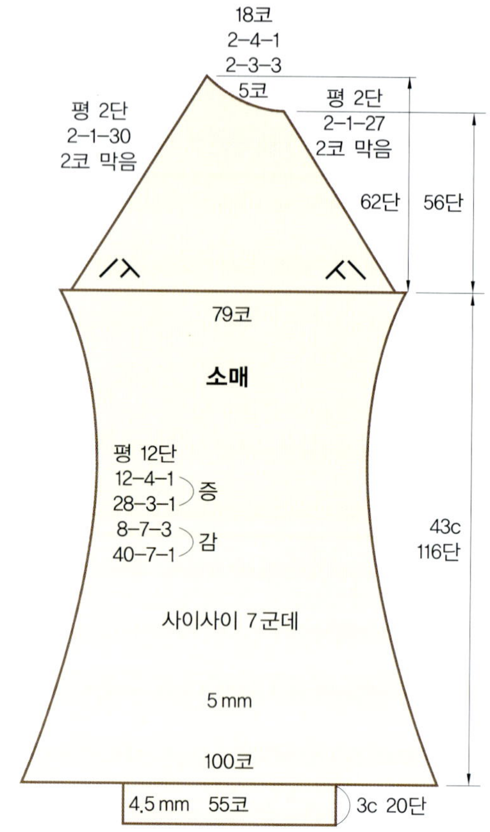
18코
2-4-1
2-3-3
5코
평 2단
2-1-30
2코 막음
평 2단
2-1-27
2코 막음
62단
56단
79코
소매
평 12단
12-4-1
28-3-1
증
8-7-3
40-7-1
감
43c
116단
사이사이 7군데
5 mm
100코
4.5 mm 55코
3c 20단

※ 소매 코늘림 55코+17+28+=100코

소매 무늬

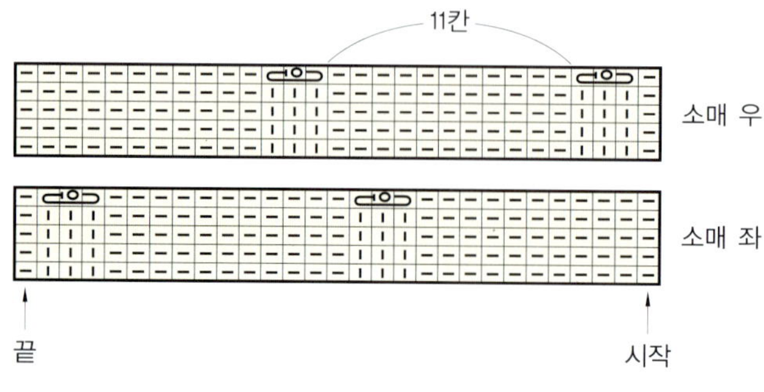
11칸
소매 우
소매 좌
끝
시작

소매단, 칼라 무늬

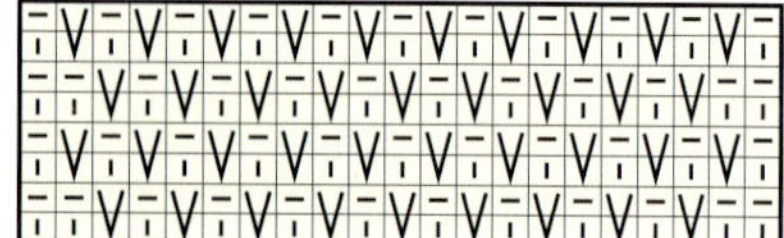

소매단, 칼라 무늬뜨기

1 일반 코를 잡습니다.

2 2단째에서 2코 걸뜨기하고 1코는 안뜨기 방향으로 코를 질러 오른쪽 바늘에 옮기고 다음 코는 걸뜨기를 합니다. 옮기는 코 1코와 걸뜨기 1코를 반복하고 마지막 2코는 걸뜨기를 합니다.

3 3단째 모두 걸뜨기를 합니다.

4 4단째에는 1코를 걸뜨기하고 옮기는 코 1코와 걸뜨기 1코를 반복하고 마지막 1코를 걸뜨기합니다.

5 5단째 모두 걸뜨기를 합니다.

*일반적인 가터뜨기로 앞뒤 모두 걸뜨기만 하면서 2, 3, 4, 5번을 반복합니다.

전체 무늬

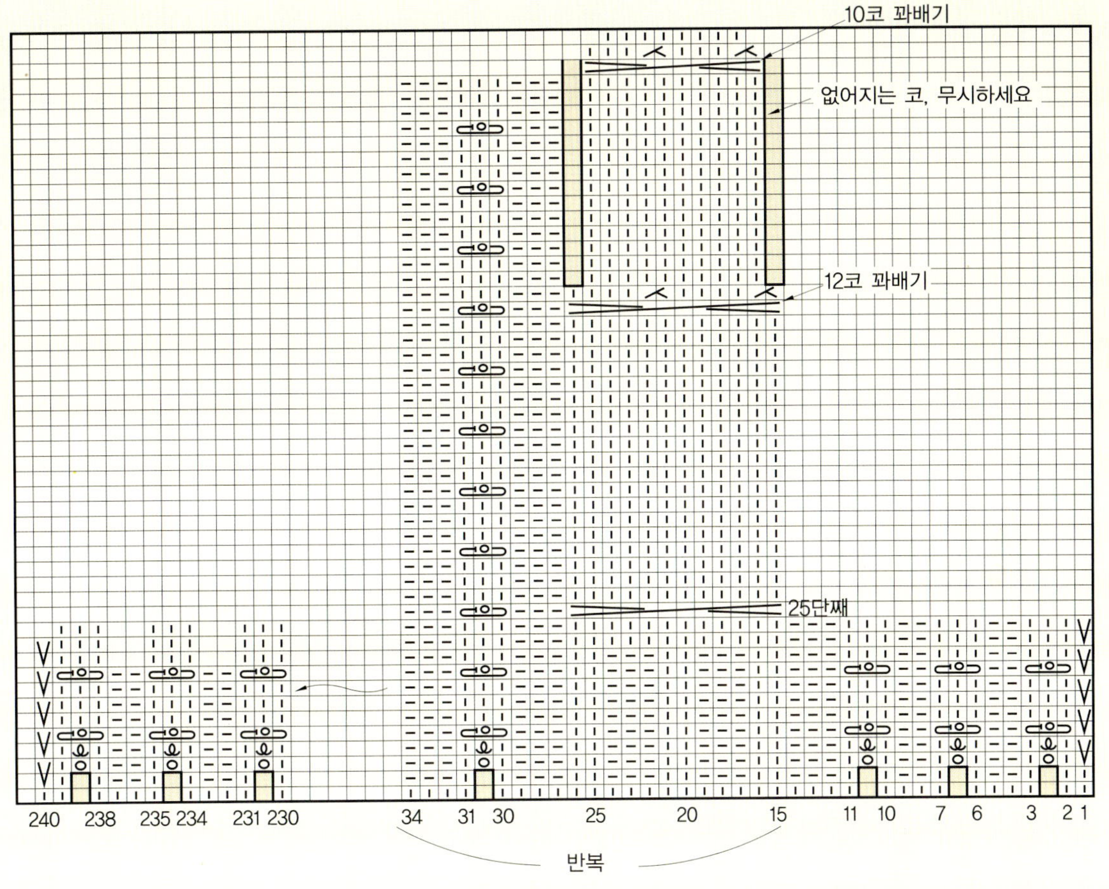

10코 꽈배기
없어지는 코, 무시하세요
12코 꽈배기
25단째
240 238 235 234 231 230
34 31 30 25 20 15 11 10 7 6 3 2 1
반복

코 늘림

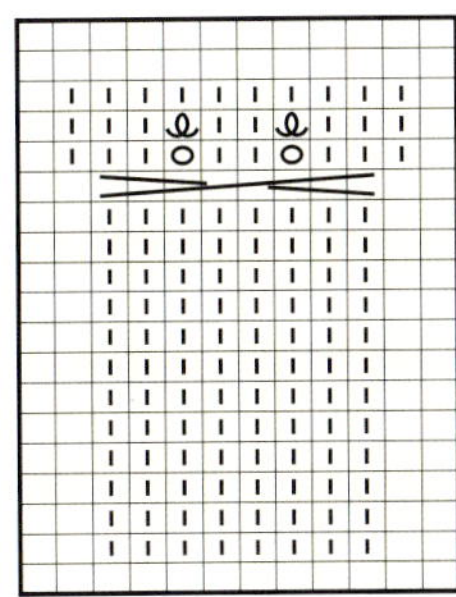

스팀 다림질하기

1 다림질은 평소보다 강하게 옆으로 넓히면서 다립니다.

2 꽈배기가 꼬아진 부분은 한번 더 강하게 눌러줍니다.

3 소매단에서 늘려진 부분은 소매를 다리는 다림판에 대고 다려 다림질이 안 되는 부분이 없도록 섬세하게 다립니다.

4 밑단과 칼라, 소매단은 다리지 않고, 8코 꽈배기 부분은 펴지 않고 눌러만 주어 허리를 잘록하게 보이도록 합니다.

Kintting 16

라플레시아 코트

1. 칼라 부분
2. 뒤판 전체 무늬
3. 주머니
4. 소매 부분

라플레시아 코트

실 : 라플레시아 - 네이비 680g, 레드 300g, 그린 300g
단추 : 뽈단추 5개
바늘 : 6.5mm 대바늘
모사용 8호 코바늘
사이즈 : M(66)
게이지 : 13코 21단
작품 : 김난향(liberame)

뜨는방법

● 몸판 뜨기

1 메인색으로 일반코 90코를 잡아 안뜨기가 겉이 되도록 메리야스뜨기를 합니다.
2 왼쪽 앞목이 경사가 되도록 14단에 걸쳐 23코를 늘립니다.
3 18단을 뜨고 허리선에 표시를 합니다. 밑단이 퍼지도록 전체코를 8등분하여 16단 동안 경사뜨기를 한 다음 위로 20단을 더 뜹니다.
4 레드색으로 바꿔 2단을 뜨고 3번과 같은 8등분 경사뜨기 1회를 하고 허리 위는 반대 방향이 되도록 5등분하여 8단 동안 경사뜨기를 합니다. 허리 위 경사뜨기가 끝나면 바로 허리 아래 경사뜨기를 1회 더 반복합니다.
5 메인색으로 바꿔 뒷진동 23코를 늘림하여 뜨면서 허리 아래를 16단마다 7등분 경사뜨기 4회를 하고 평 16단을 뜹니다.
6 레드색으로 바꿔 4번과 동일하게 뜹니다.
7 메인색으로 바꿔 앞진동 23코를 늘림하여 뜨면서 오른쪽 앞판은 왼쪽 앞단과 대칭이 되도록 20단을 뜨고 경사뜨기한 후 평 18단을 뜹니다.
8 오른쪽 앞목이 경사가 되도록 24단을 뜨고 서서히 코를 줄입니다.
9 살짝 스팀 다림질을 한 다음 뒷고대는 남겨두고 어깨를 이어 줍니다.

● 소매 뜨기

1 그린색 22단, 레드색 14단을 뜨면서 코 줄임을 합니다.
2 메인색으로 실을 바꿔 뜨면서 코 늘림을 합니다.
3 소매를 완성하고 살짝 스팀 다림질을 한 다음 솔기를 잇습니다.
4 밑단 조개무늬 레이스를 뜨고 몸판에 소매를 이어 줍니다.

● 밑단, 소매단 조개무늬

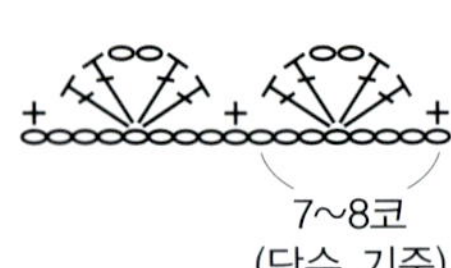

7~8코
(단수 기준)

● 밑단, 소매단 뜨기

1 밑단은 몸판과 같은 색으로 맞춰 모사용 8호 코바늘로 조개무늬뜨기를 합니다.
2 앞단은 그린색으로 매 코마다(90코, 평평하도록 콧수 조절) 짧은 뜨기 5단을 뜨고 조개무늬로 마무리합니다. 오른쪽 앞단은 3단째 단춧구멍(도안 참조) 5개를 내 줍니다.

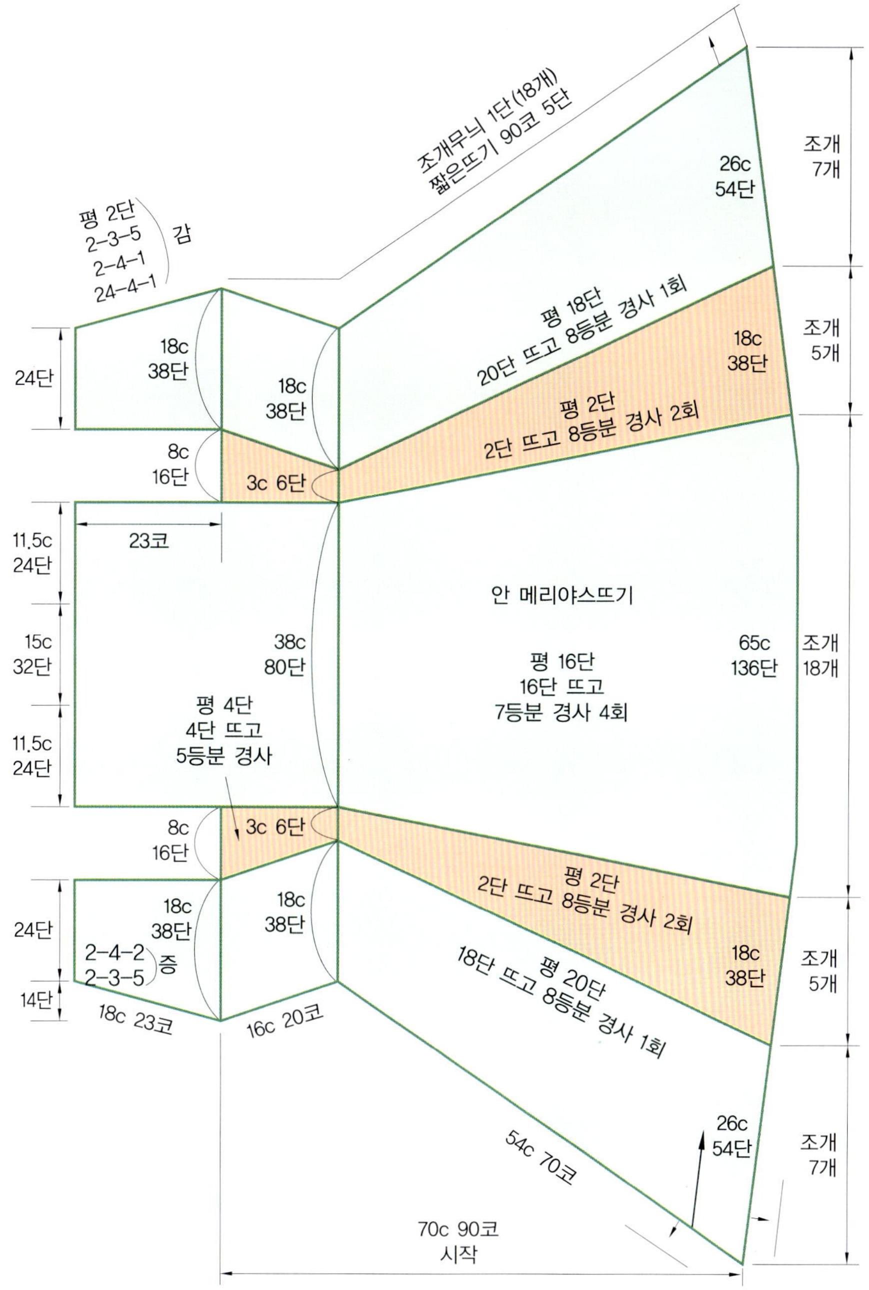

조개무늬 1단(18개)
짧은뜨기 90코 5단

평 2단
2-3-5
2-4-1
24-4-1
감

24단
18c
38단
18c
38단
26c
54단
조개
7개

평 18단
20단 뜨고 8등분 경사 1회
18c
38단
조개
5개

평 2단
2단 뜨고 8등분 경사 2회

8c
16단
3c 6단

11.5c
24단
23코

안 메리야스뜨기

15c
32단
38c
80단
평 16단
16단 뜨고
7등분 경사 4회
65c
136단
조개
18개

11.5c
24단
평 4단
4단 뜨고
5등분 경사

8c
16단
3c 6단

평 2단
2단 뜨고 8등분 경사 2회

24단
18c
38단
18c
38단
2-4-2
2-3-5
증
18c
38단
조개
5개

14단
18c 23코
16c 20코

평 20단
18단 뜨고 8등분 경사 1회

54c 70코
26c
54단
조개
7개

70c 90코
시작

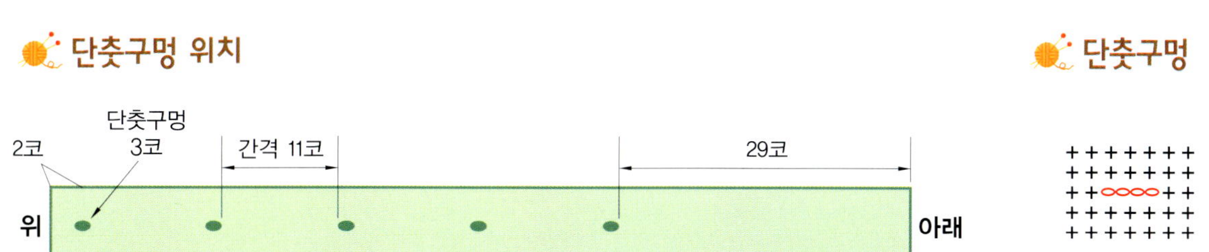

단춧구멍 위치
단춧구멍
3코
2코
간격 11코
29코
위
아래
단춧구멍

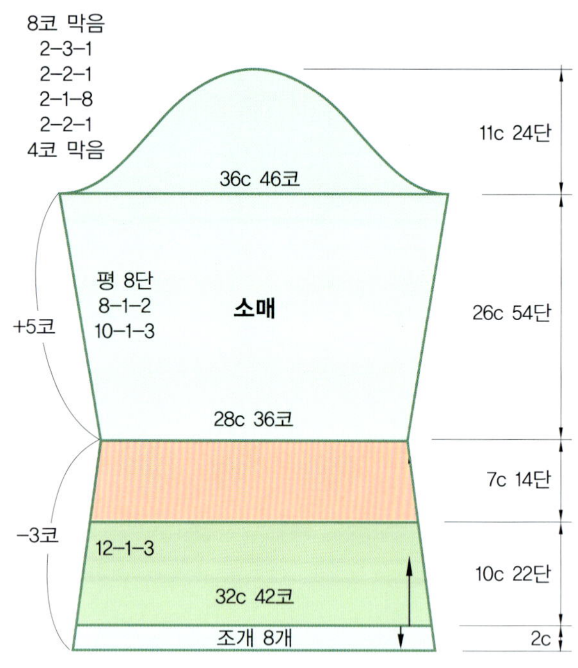
8코 막음
2-3-1
2-2-1
2-1-8
2-2-1
4코 막음
36c 46코
11c 24단
평 8단
8-1-2
10-1-3
+5코
소매
26c 54단
28c 36코
7c 14단
-3코
12-1-3
32c 42코
10c 22단
조개 8개
2c

● 칼라 뜨기

1 그린색으로 앞단에서부터 짧은뜨기 74코를 뜹니다.

2 칼라무늬 2단을 뜨고 뒤 칼라 42코를 5등분하여 4군데 3코씩 코 늘림을 합니다.

3 4단을 뜨고 앞 칼라 32코는 아래 별도 도안을 참고하여 뜹니다.

4 스팀 다림질을 하여 앞단 칼라의 각을 잡아 줍니다.

● 주머니 뜨기

1 가로, 세로 20cm가 되도록 메리야스뜨기를 한 다음, 윗부분은 짧은뜨기 20코 4단을 떠서 주머니 모양으로 오므려지도록 합니다.

2 스팀 다림질을 하고 몸판 옆선 아래에서 32cm 위를 기준으로 주머니를 꿰매 줍니다.

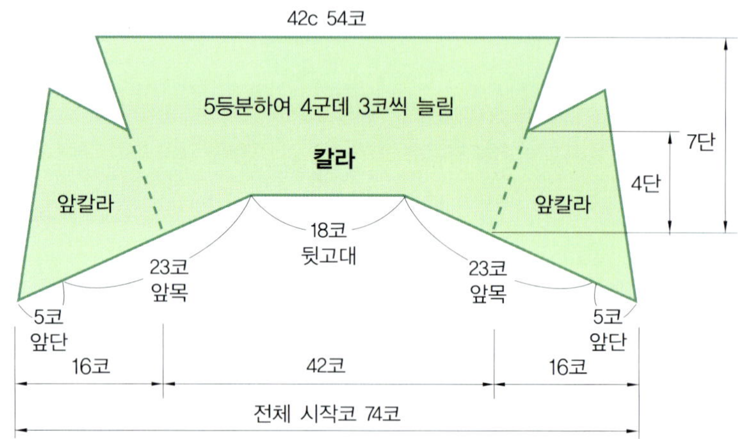
42c 54코
5등분하여 4군데 3코씩 늘림
칼라
앞칼라
앞칼라
7단
4단
18코
뒷고대
23코
앞목
23코
앞목
5코
앞단
5코
앞단
16코
42코
16코
전체 시작코 74코

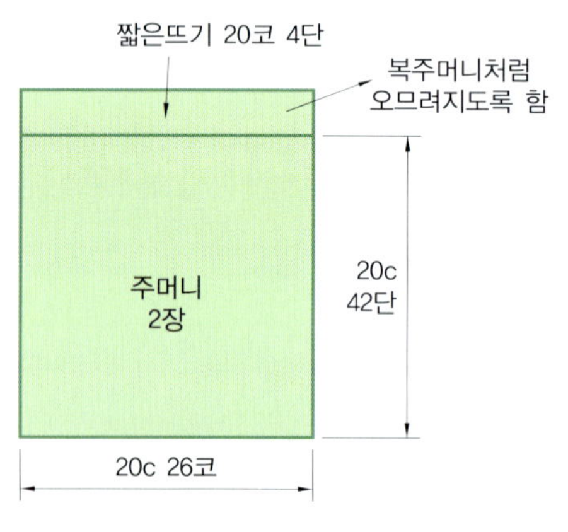
짧은뜨기 20코 4단
복주머니처럼
오므려지도록 함
주머니
2장
20c
42단
20c 26코

앞 칼라

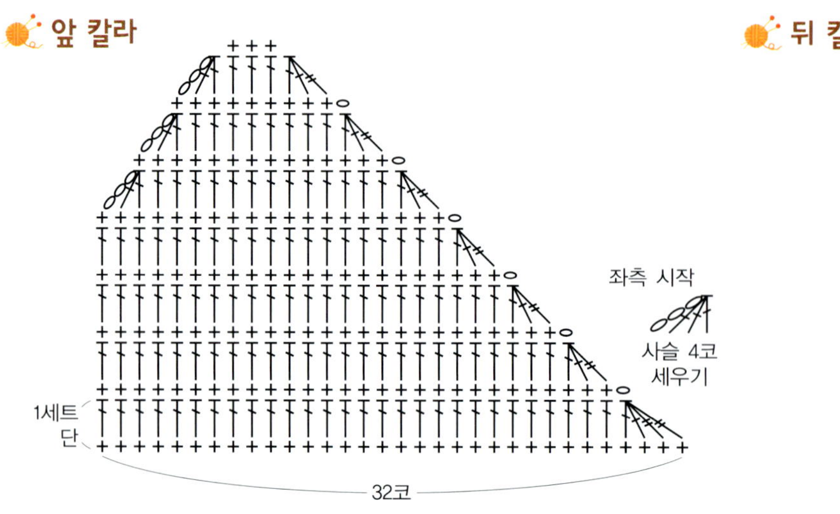
좌측 시작
사슬 4코
세우기
1세트
단
32코

뒤 칼라 코 늘림

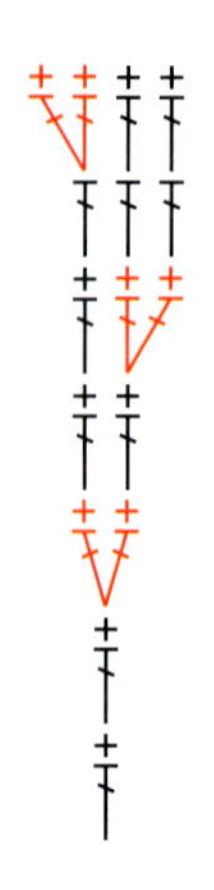

8등분 경사뜨기

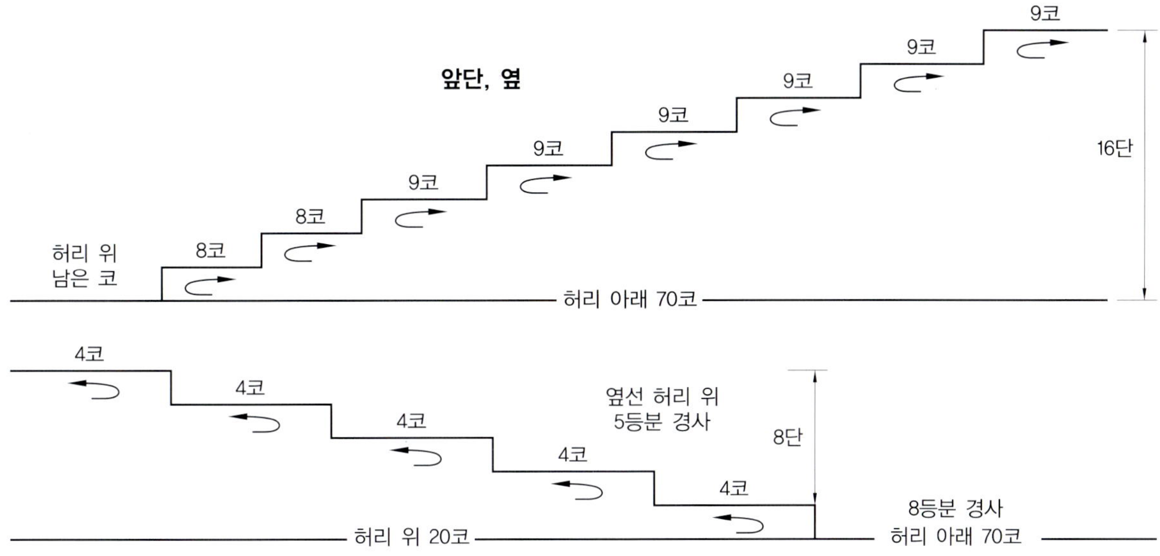
앞단, 옆
9코
9코
9코
9코
9코
9코
8코
8코
16단
허리 위
남은 코
허리 아래 70코
4코
4코
4코
4코
4코
옆선 허리 위
5등분 경사
8단
8등분 경사
허리 아래 70코
허리 위 20코

7등분 경사뜨기

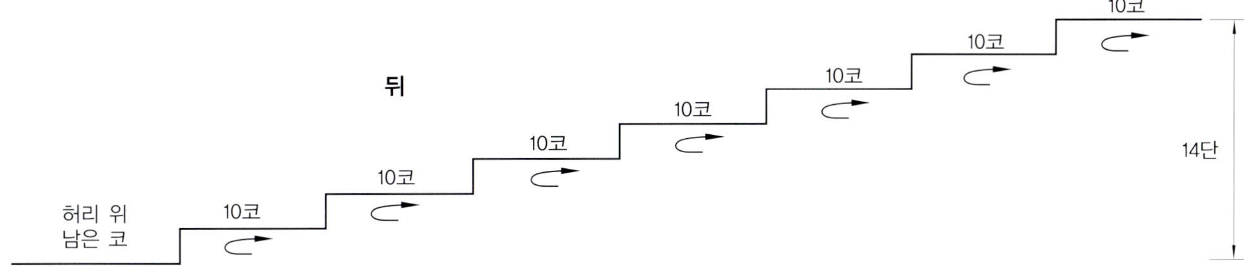
뒤
10코
10코
10코
10코
10코
10코
10코
14단
허리 위
남은 코

Kintting 17

숄칼라 재킷

1. 칼라 부분
2. 전체 무늬
3. 앞단 부분
4. 소매 부분

숄칼라 재킷

실 : 소노모노(중) – 베이지
480g, 초코 170g
단추 : 28mm 4개
바늘 : 5.5mm, 6mm 대바늘,
모사용 7호 코바늘
사이즈 : M(66)
게이지 : 18코 21단

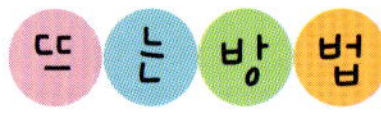

뜨는방법

● 몸판 뜨기

1 6mm 대바늘로 일반코를 잡아 무늬뜨기하면서 도안대로 뒤판과 앞판을 완성합니다.

2 가볍게 스팀 다림질을 합니다.

3 어깨를 이어주고, 옆 솔기를 표시선까지 잇습니다.

4 5.5mm 대바늘을 사용하여 배색실로 오른쪽 앞단에서부터 코를 주워 뜨고 앞단과 칼라의 경계선인 볼록한 부분에서는 1코에서 3코를 만들어 코가 늘어나도록 합니다.

5 칼라 부분에서는 도안(155쪽)과 같이 8군데 코 늘림을 하고, 오른쪽 앞단에서는 5단째와 13단째에 단춧구멍을 내 줍니다.

6 앞단과 칼라는 코를 씌워서 마무리하되 칼라 부분은 아주 느슨하게 하여 라운딩이 자연스럽게 되도록 합니다.

7 코바늘로 앞단, 밑단, 칼라 끝부분에 레이스를 뜨고(칼라 부분은 느슨하게 뜨거나 한 사이즈 큰 바늘을 사용함), 앞단은 반듯하게, 칼라는 둥글게 펴서 스팀 다림질을 해 줍니다.

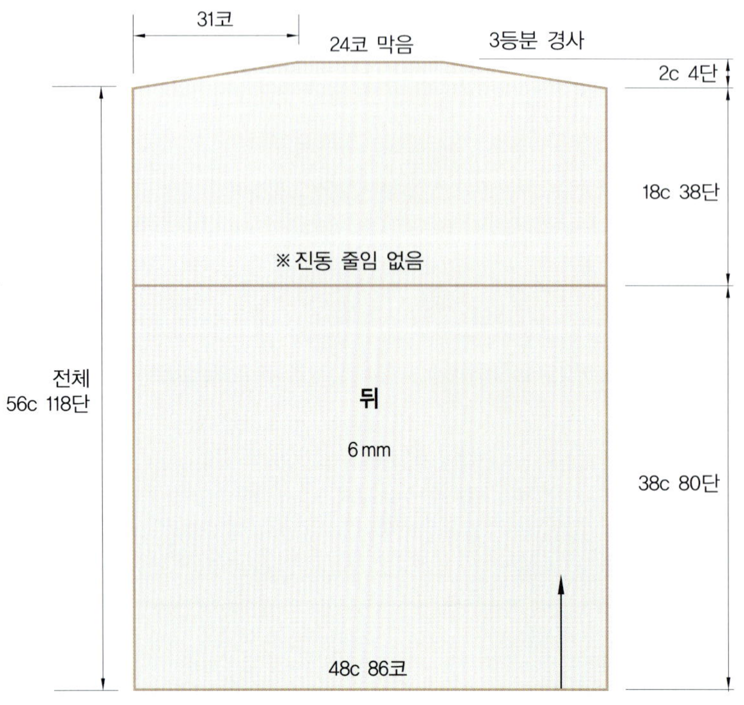

31코
24코 막음
3등분 경사
2c 4단
18c 38단
※진동 줄임 없음
전체
56c 118단
뒤
6mm
38c 80단
48c 86코

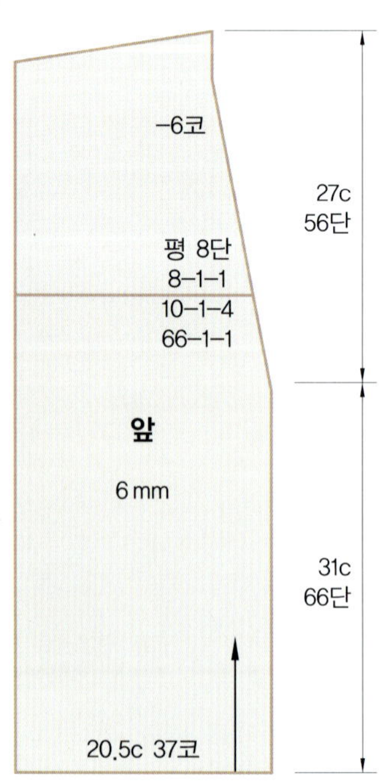

-6코
27c
56단
평 8단
8-1-1
10-1-4
66-1-1
앞
6mm
31c
66단
20.5c 37코

3등분 어깨 경사뜨기

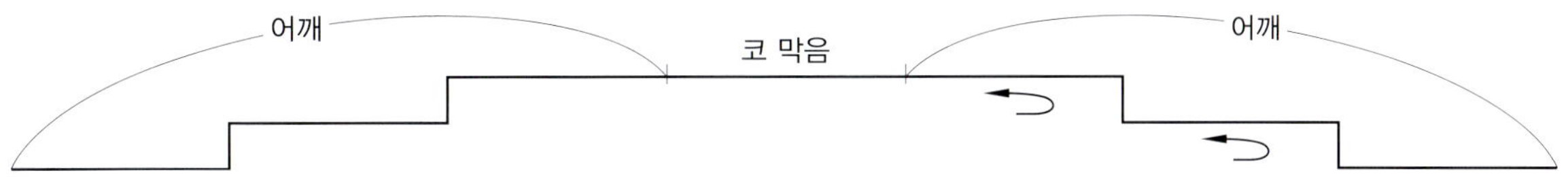
어깨
코 막음
어깨

앞단 무늬와 단춧구멍

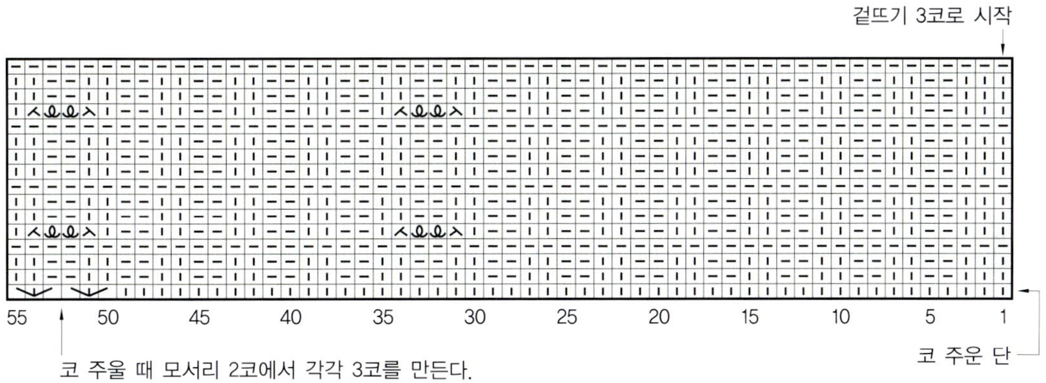
겉뜨기 3코로 시작
55
50
45
40
35
30
25
20
15
10
5
1
코 주운 단
코 주울 때 모서리 2코에서 각각 3코를 만든다.

숄칼라 코 줍기

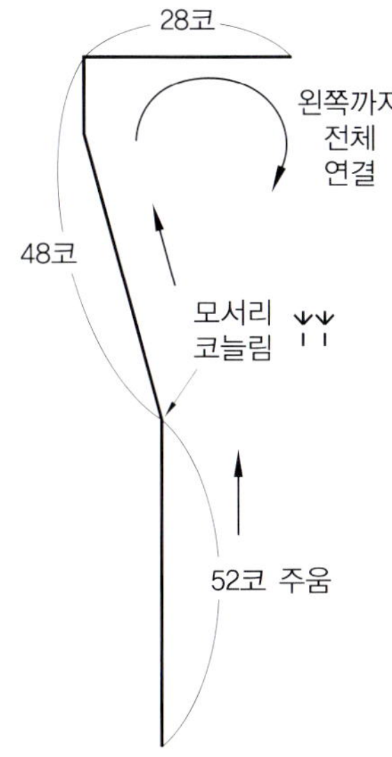
28코
왼쪽까지 전체 연결
48코
모서리 코늘림
52코 주움

앞단, 밑단 소매 레이스

칼라 끝부분 레이스

앞시작

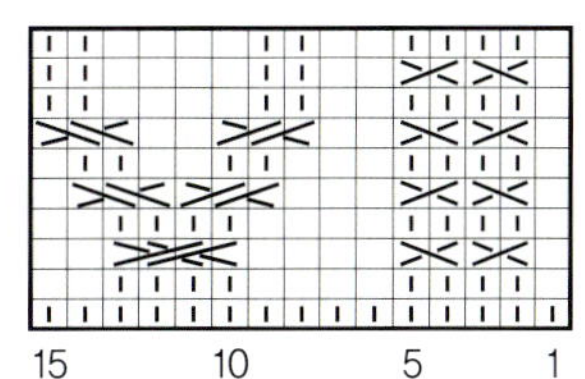
15
10
5
1

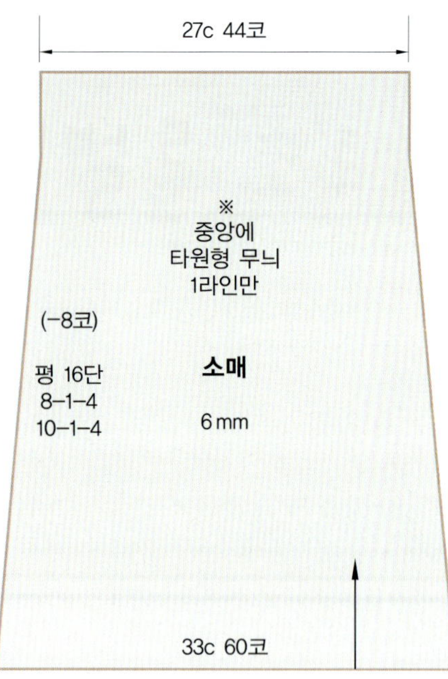
27c 44코
※
중앙에
타원형 무늬
1라인만
(-8코)
평 16단
8-1-4
10-1-4
소매
6 mm
33c 60코
※ 몸판 진동에서 진행

● 소매 뜨기

1 소매는 몸판 진동에서 바로 코를 주워 양옆 코 줄임을 하면서 진행합니다.

2 5.5mm 대바늘을 사용하여 배색실로 소맷부리를 뜨고 코를 씌워서 마무리합니다.

3 스팀 다림질을 모양을 잡은 후, 솔기를 이어 줍니다.

4 접어 올리는 형태이므로 레이스는 안쪽에서 떠야 합니다.

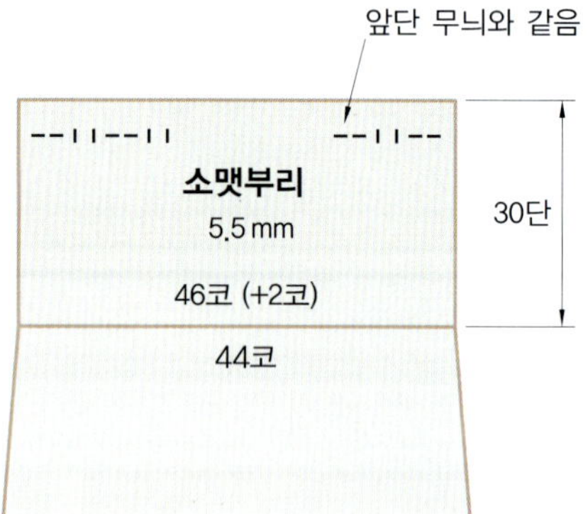
앞단 무늬와 같음
소맷부리
5.5 mm
30단
46코 (+2코)
44코

전체 무늬

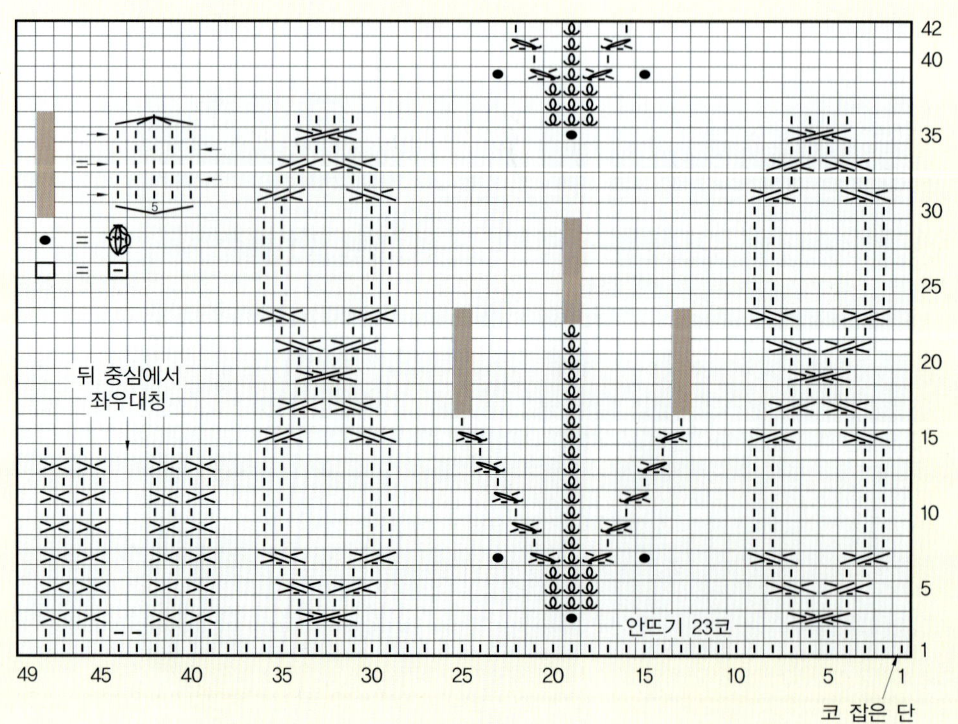
42
40
35
30
25
20
15
10
5
1
뒤 중심에서
좌우대칭
안뜨기 23코
49
45
40
35
30
25
20
15
10
5
1
코 잡은 단

뒷칼라 뜨기

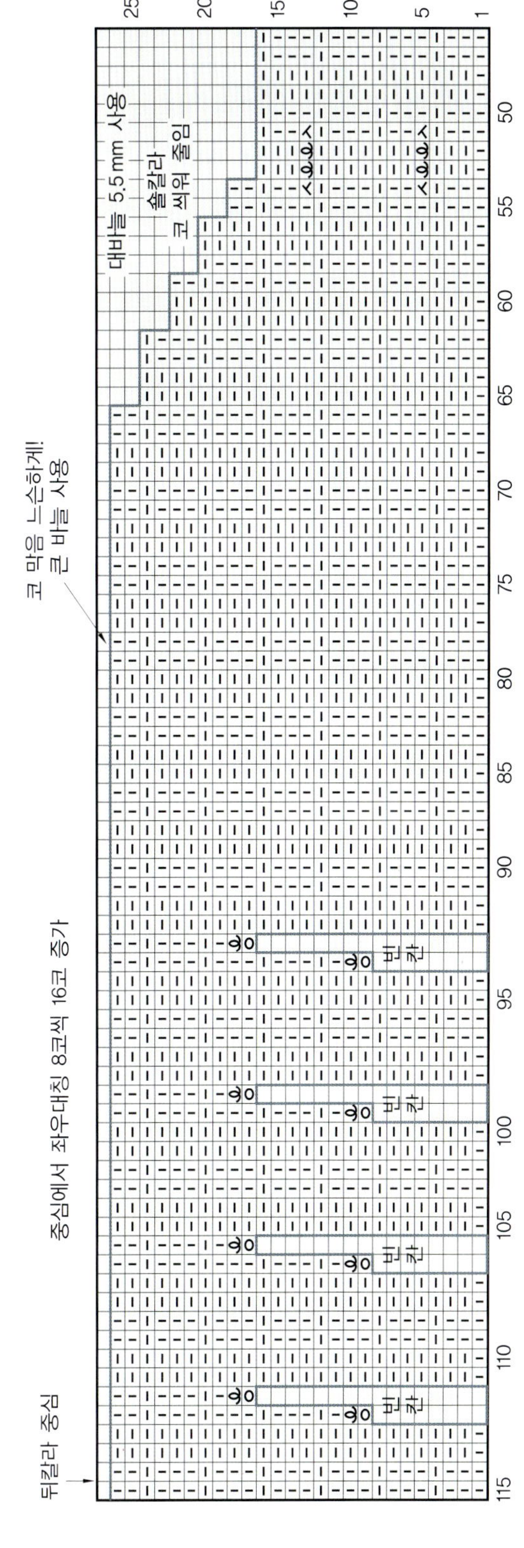

대바늘 5.5mm 사용
숄칼라
코 씌워 줄임
코 막음 느슨하게!
큰 바늘 사용
중심에서 좌우대칭 8코씩 16코 증가
뒷칼라 중심
빈칸

Kintting 18

남, 여 장갑

남, 여 장갑

실 : 소노모노(소) – 아이보리 40g, 초코 40g

바늘 : 3mm 대바늘 4개

사이즈 : free

작품 : 안혜정(토비)

뜨는방법

[남성용 손가락 장갑]

1 1코 고무단 68코를 잡아 바늘 3개에 나누어 뀁니다.

2 원통으로 1코 고무뜨기 15단을 뜨고 16단째는 겉뜨기만 뜹니다.

3 손등과 손바닥 무늬를 배색하며 뜹니다.

4 11단째부터 좌우 엄지손가락을 늘리면서 그대로 원통뜨기를 합니다.

5 손가락은 따로 마무리하고 몸통은 계속 진행합니다.

6 배색이 끝나면 겉뜨기 1단을 뜨고 1코 고무뜨기 10단을 떠서 1코 고무뜨기로 마무리를 합니다.

＊오른쪽, 왼쪽 대칭으로 뜨면 됩니다.

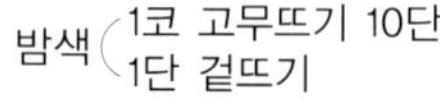
밤색
1코 고무뜨기 10단
1단 겉뜨기

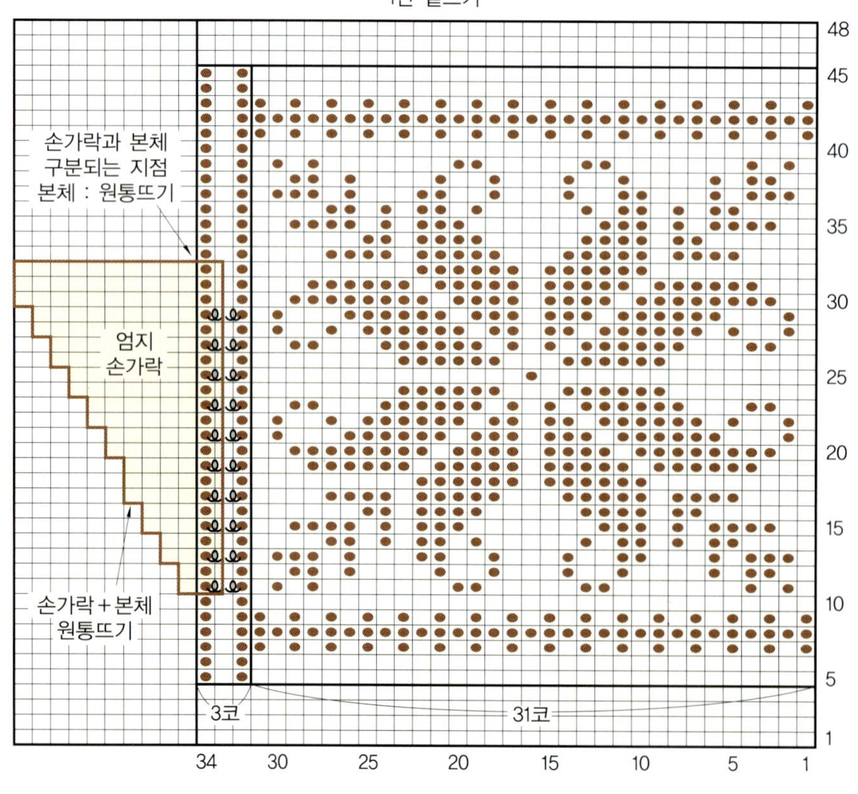
손가락과 본체
구분되는 지점
본체 : 원통뜨기
엄지
손가락
손가락+본체
원통뜨기
3코
31코
48
45
40
35
30
25
20
15
10
5
1
34
30
25
20
15
10
5
1
밤색
1코 고무뜨기 15단(원통뜨기)
68코 잡기
1단 겉뜨기

뒤판 무늬

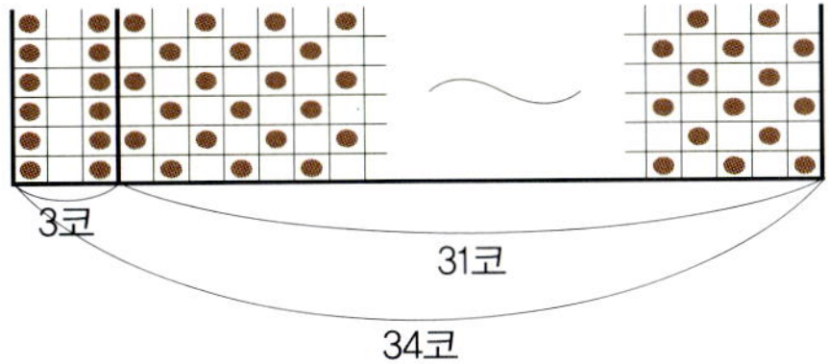
3코
31코
34코

손가락 코 늘리는 위치

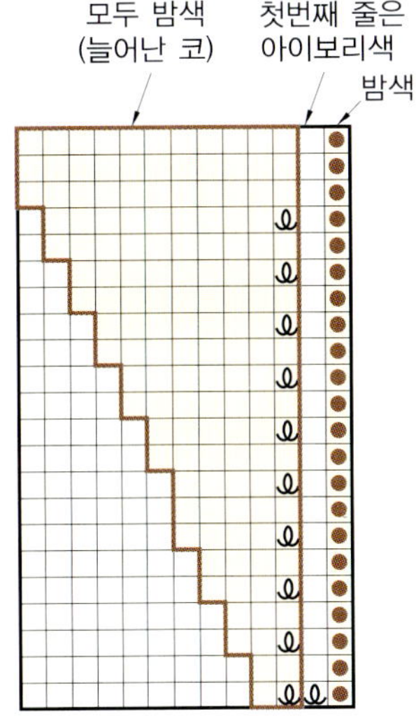
모두 밤색
(늘어난 코)
첫번째 줄은
아이보리색
밤색

▶▶ **손가락 마무리**

생성된 밤색 21코 + 모서리에서 3코 줍기
→ 24코
8단 내지 10단 1코고무뜨기(원통뜨기)

[여성용 손가락 장갑]

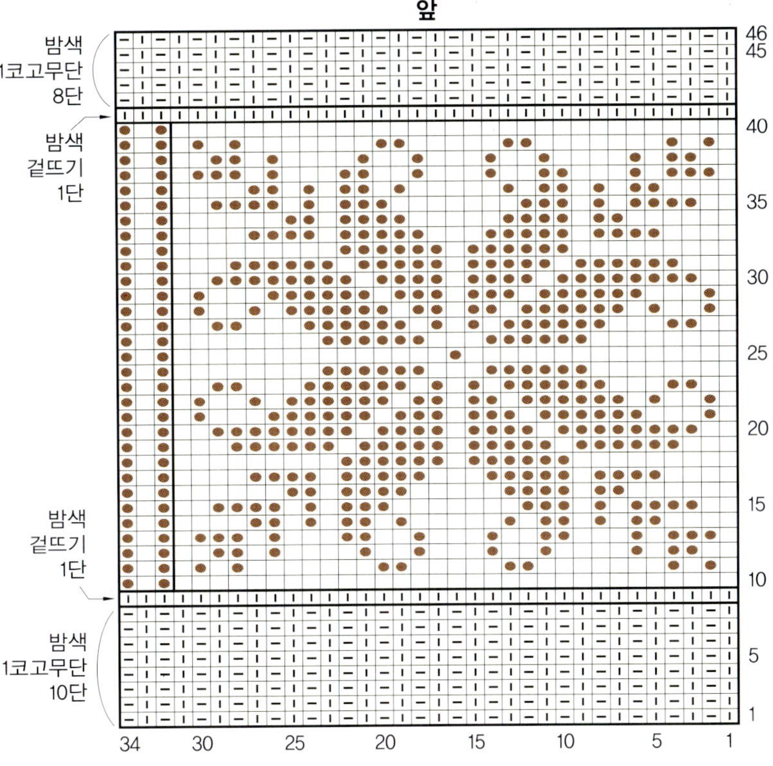
앞
밤색
1코고무단
8단
밤색
겉뜨기
1단
밤색
겉뜨기
1단
밤색
1코고무단
10단
46
45
40
35
30
25
20
15
10
5
1
34
30
25
20
15
10
5
1

▶▶ 밤색 68코 코잡기 → 원통뜨기(앞판 34코, 뒷판 34코)

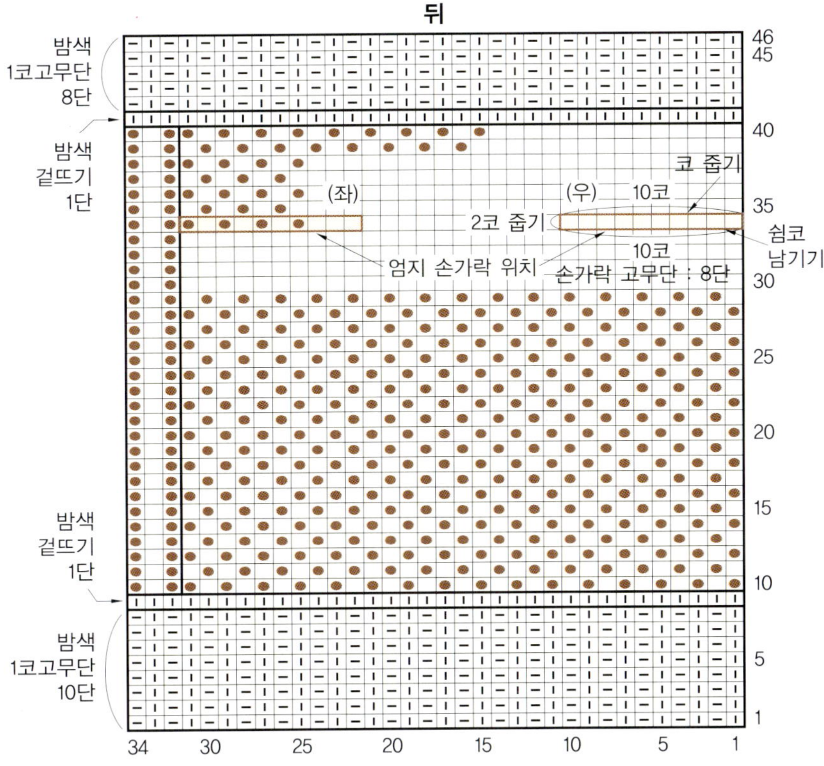
뒤
밤색
1코고무단
8단
밤색
겉뜨기
1단
(좌)
(우)
10코
코 줍기
2코 줍기
쉼코
남기기
10코
엄지 손가락 위치
손가락 고무단 : 8단
밤색
겉뜨기
1단
밤색
1코고무단
10단
46
45
40
35
30
25
20
15
10
5
1
34
30
25
20
15
10
5
1

[벙어리 장갑]

손등 부분

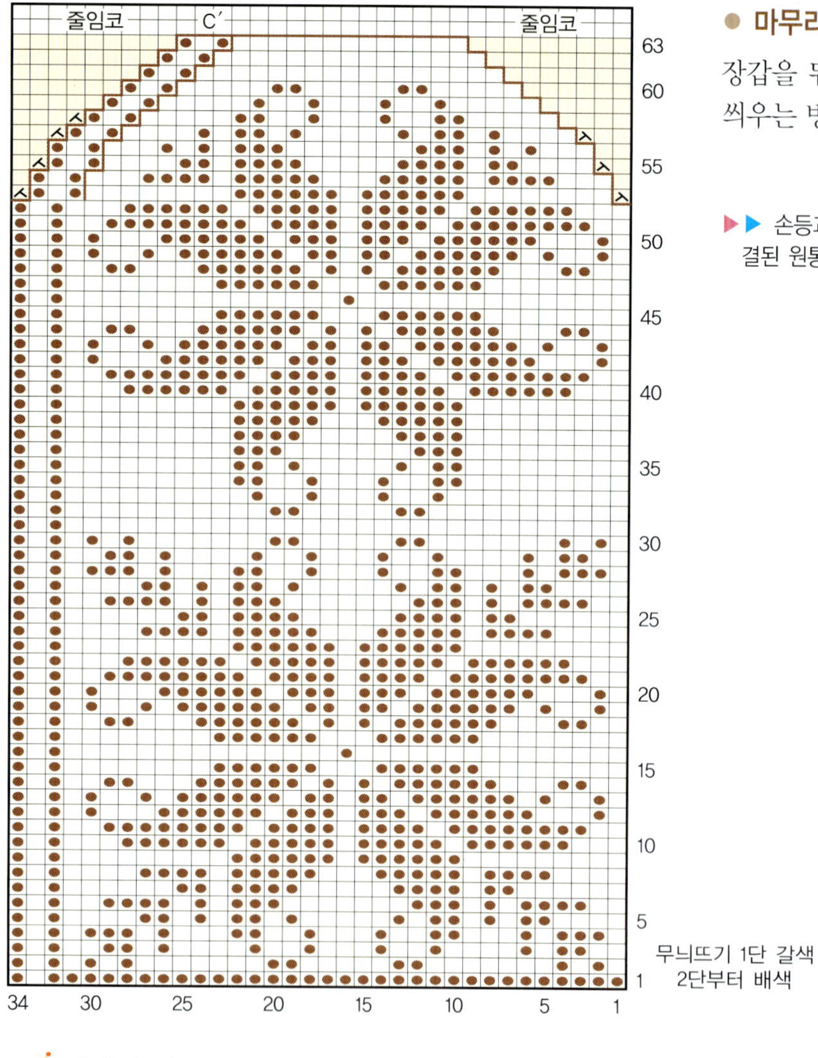

줄임코
C′
줄임코
63
60
55
50
45
40
35
30
25
20
15
10
5
1
34
30
25
20
15
10
5
1
무늬뜨기 1단 갈색
2단부터 배색

● **마무리 코 막음**

장갑을 뒤집어 C~C′를 함께 뜬 후 덮어 씌우는 방법으로 코 막음을 합니다.

▶▶ 손등과 손바닥 도안이 따로 그려져 있지만 연결된 원통뜨기입니다.

▼▼ 엄지 손가락도 26코 원통뜨기

▼▼ 손가락을 뒤집어 A′~A″까지 코 막음한다.(A′~A″를 함께 뜬 후 코를 덮어 씌우는 방식)

▼▼ 손가락을 뒤집어 B′~B″까지 코 막음한다.(B′~B″를 함께 뜬 후 코를 덮어 씌우는 방식)

엄지 손가락 부분

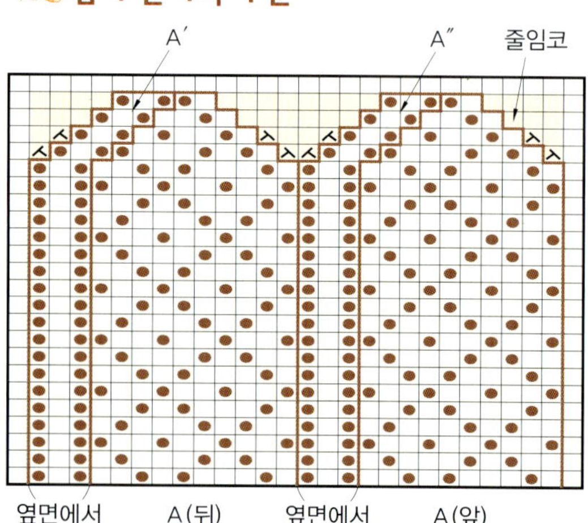

A′
A″
줄임코
옆면에서
A(뒤)
옆면에서
A(앞)

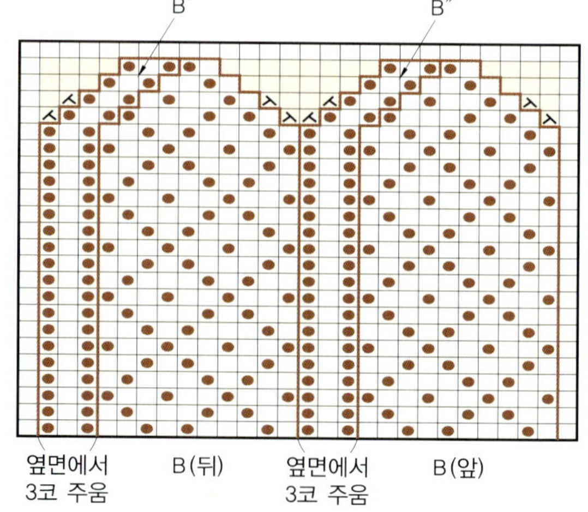

B′
B″
옆면에서
3코 주움
B(뒤)
옆면에서
3코 주움
B(앞)

손바닥 부분

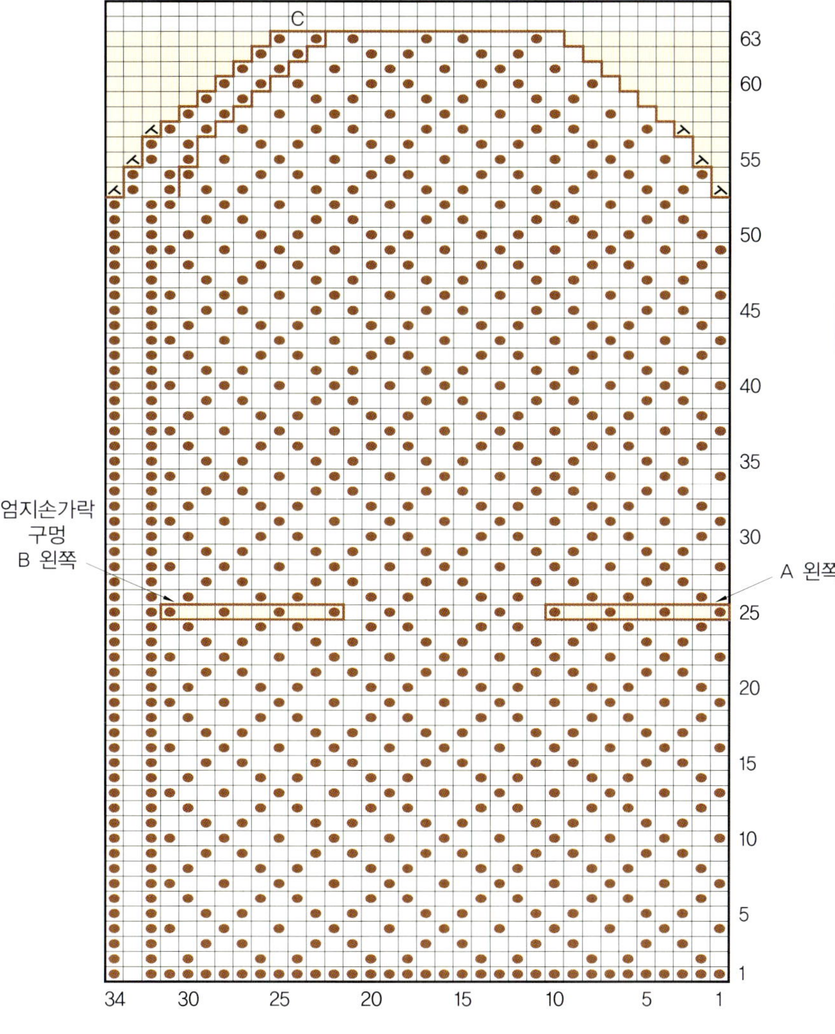

엄지손가락 구멍 B 왼쪽
A 왼쪽
C

손목 부분

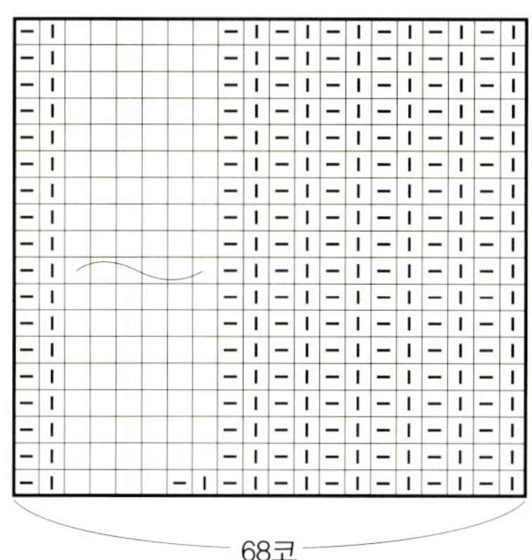

68코

1 1코 고무뜨기로 코를 잡아 줍니다.(갈색 68코)

2 원통뜨기를 합니다.

3 2단째부터 3:1로 배색합니다.(갈색 3코, 베이지 1코)

■ 배색 방법

①

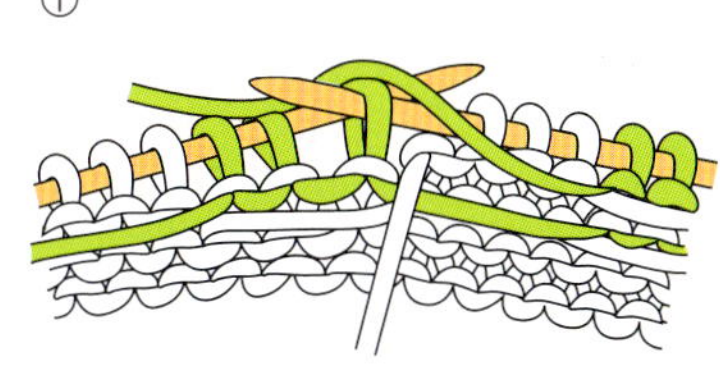

②

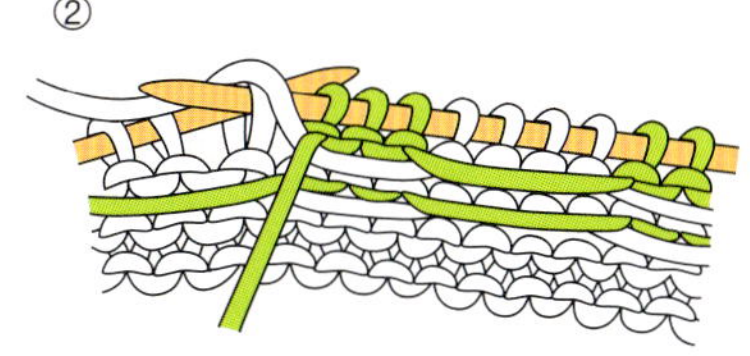

③

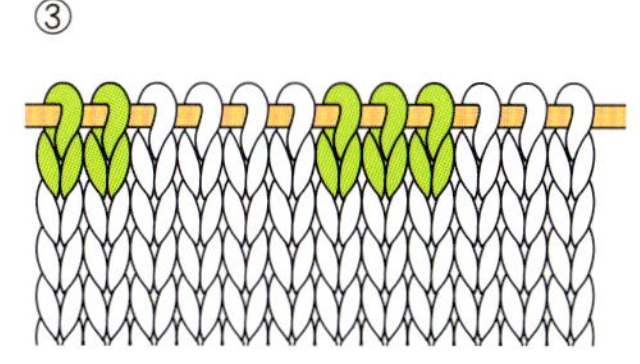

Kintting 19

배색 보닛 & 비니

배색 보닛

실 : 소노모노(중) – 밤색 40g,
아이보리 40g
바늘 : 4mm, 4.5mm
대바늘 4개
사이즈 : free
작품 : 안혜정(토비)

뜨 는 방 법

1 4mm 대바늘을 이용하여 밤색으로 91코 코 잡기합니다.

2 브림 만들기(평면뜨기, 원통뜨기 아님)

- 밤색으로 1코 고무뜨기 1단
- 밤색 3코, 아이보리 1코 순으로 색을 반복하여 1코 고무뜨기 1단

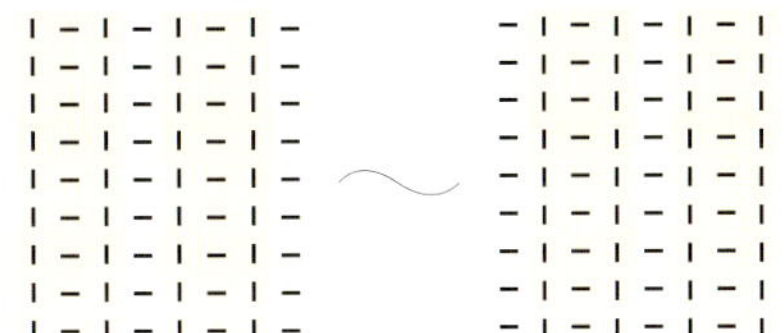

3 코늘리기 : 밤색으로 4코 겉뜨기한 후 1코 만들기 반복하여 91코를 115코로 늘립니다.

4 무늬뜨기 : 무늬 차트에서 F로 표시된 부분부터 원통뜨기, F 이하부터는 평면뜨기를 합니다.

- 20코가 1무늬로 구성되며, 총 6개의 무늬가 반복됩니다.
- 트임이 있는 1개의 무늬는 Chart A를 참조하고, 나머지 5개의 무늬는 Chart B를 참조합니다.
- 평면뜨기를 하는 부분(F 이하의 영역)에서는 Chart A의 D를 시작점으로 해서 Chart B를 5회 반복한 후 Chart A의 E로 종료합니다.
- 원통뜨기를 시작할 때 G에 해당되는 5코를 만듭니다.(코 만드는 방법은 감아코 만들기를 비롯하여 다양한 방법이 적용 가능)
- 원통뜨기를 하는 부분(F 이상의 영역)에서는 Chart B를 6회 반복합니다.

5 트임부분 마무리

- 코 줍기 : 밤색으로 모자의 트임 부분(C영역)에서 41코 줍기를 합니다.
- 밤색으로 1코 고무뜨기 3단 또는 4단 뜨고 마무리합니다.

6 끈 달기 : 모서리 부분에서 밤색실 1겹으로 4코를 주워 1코 고무뜨기를 원하는 길이만큼 하거나, 또는 밤색실 2겹으로 코바늘을 이용하여 원하는 길이만큼 사슬뜨기를 합니다.

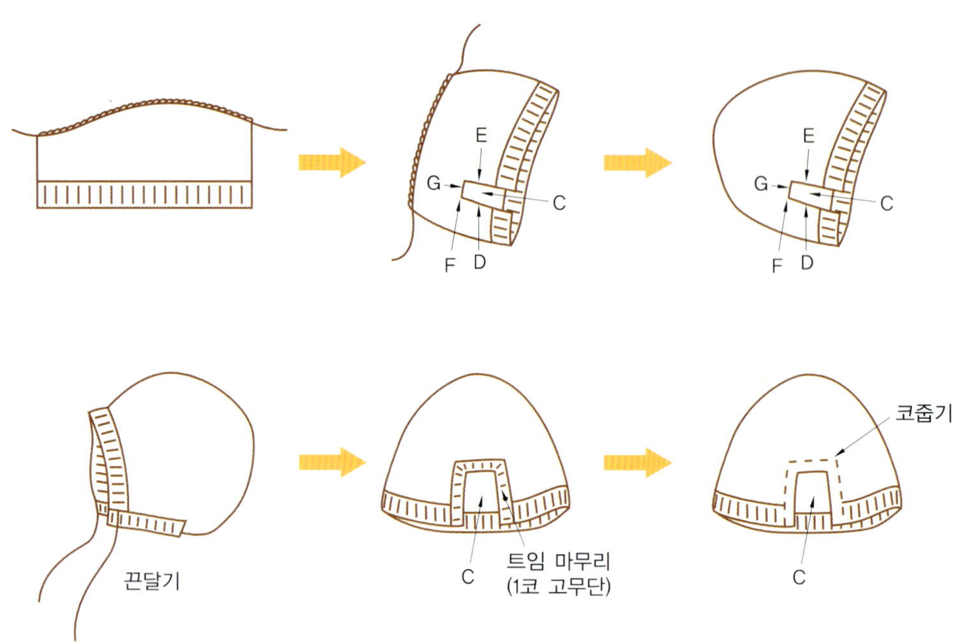
E
G
C
F
D
E
G
C
F
D
코줍기
끈달기
C
트임 마무리
(1코 고무단)
C

전체 무늬 (무늬 차트)

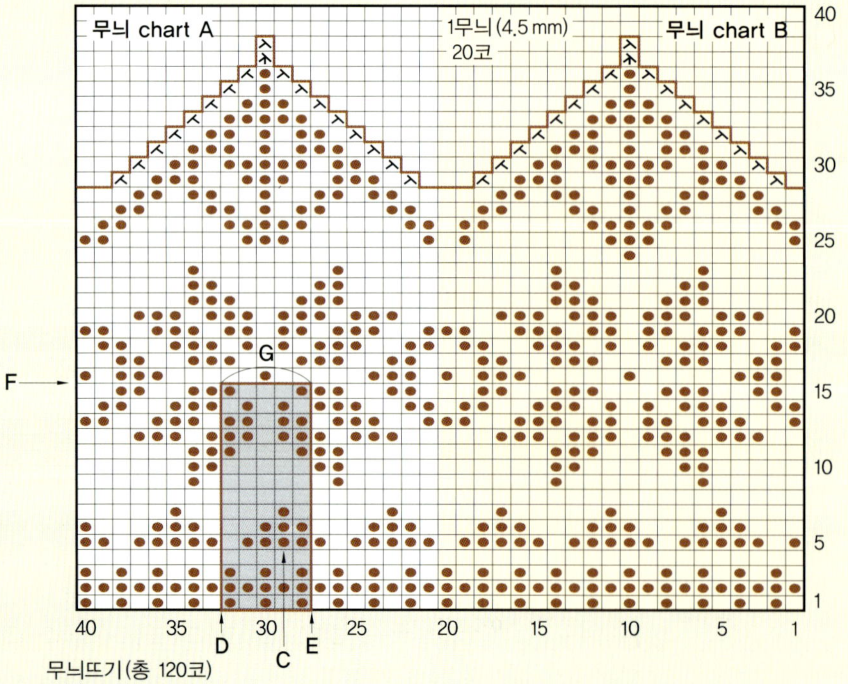

무늬 chart A

1무늬(4.5mm)
20코

무늬 chart B

F

G

D
C
E

무늬뜨기(총 120코)
20코 × 6개 반복
1무늬=20코

배색 비니

실 : 소노모노(중) – 밤색 40g,
아이보리 40g
바늘 : 4mm, 4.5mm
대바늘 4개
사이즈 : free
작품 : 안혜정(토비)

뜨는방법

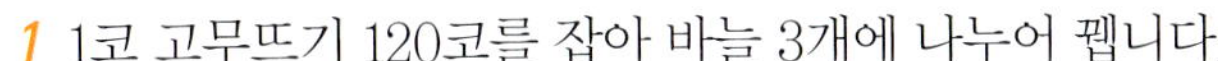

1 1코 고무뜨기 120코를 잡아 바늘 3개에 나누어 뀁니다.

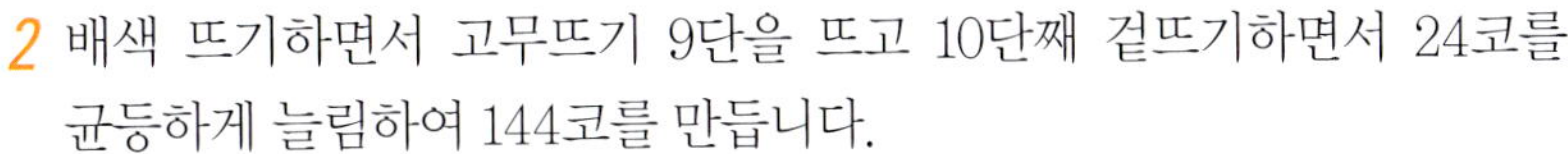

2 배색 뜨기하면서 고무뜨기 9단을 뜨고 10단째 겉뜨기하면서 24코를 균등하게 늘림하여 144코를 만듭니다.

3 배색 뜨기하면서 41단을 뜨고 42단째부터 8군데에서 2단마다 코 줄임을 합니다.

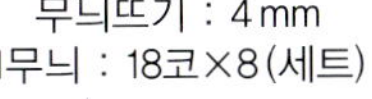

무늬뜨기 : 4mm
1무늬 : 18코×8(세트)

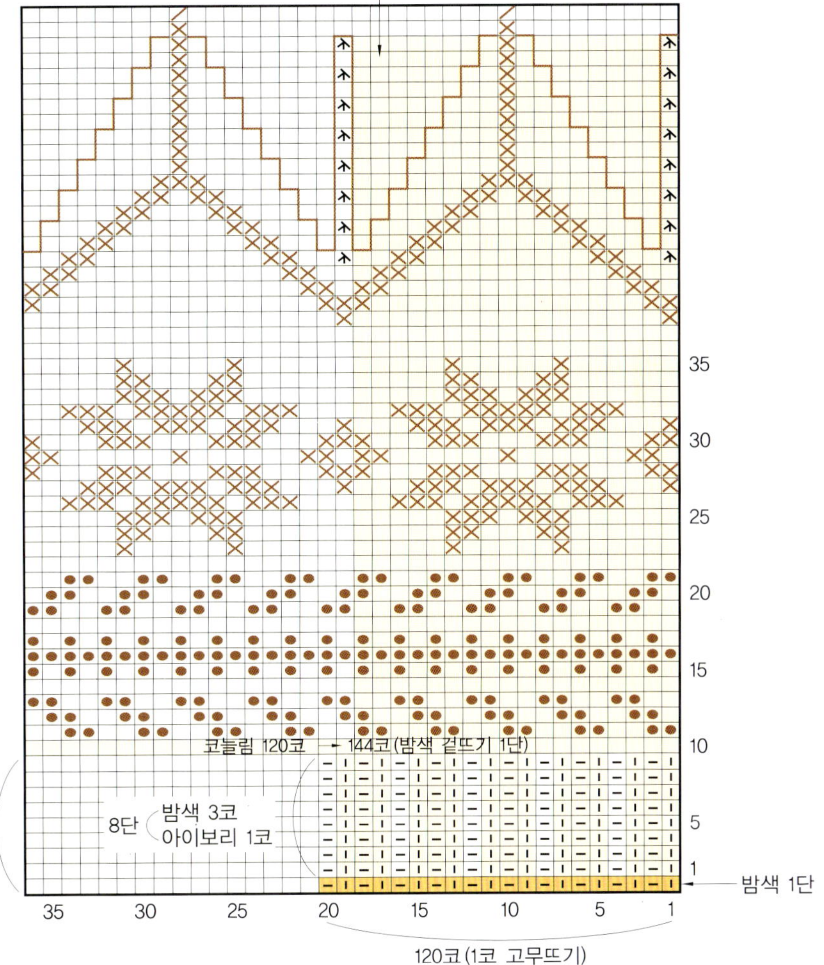

35
30
25
20
15
10
5
1
코늘림 120코 → 144코(밤색 겉뜨기 1단)
총 9단
8단
밤색 3코
아이보리 1코
밤색 1단
35
30
25
20
15
10
5
1
120코(1코 고무뜨기)

세라니트의
아름다운 손뜨개

2010년 9월 15일 1판 1쇄
2011년 1월 15일 1판 2쇄

지은이 : 서경숙
펴낸이 : 남상호

펴낸곳 : 도서출판 **예신**
www.yesin.co.kr

140-896 서울시 용산구 효창동 5-104
전화 : 704-4233, 팩스 : 715-3536
등록 : 제03-01365호(2002. 4. 18)

값 15,000원

ISBN : 978-89-5649-082-3

Knit for four season